JN012242

やさしく学べる 連結会計

三訂版

見やすい、わかりやすい、読みやすい
連結会計が楽しく勉強できる本

2時間で制覇！

税務経理協会

　やさしく学べる連結会計が刊行されて，早20年以上の時が経過しようとしている。

　既に，1998年4月からの企業会計で，連結会計，時価主義会計が本格的に導入され，金融ビックバンの到来，持株会社の解禁と共に，企業会計では，大変革が惹起した。本書の初版はしがき，Coffee Break を読み返すと「我国は主たる財務諸表が個別財務諸表で，従たる財務諸表が連結財務諸表…」等と表記している。

　しかしながら，既に平成14年度（2002年度）の法人税法の改正により，企業グループをあたかも一つの法人とみなして，税額計算・納税する連結納税制度が導入され，同年の会社法（旧商法）の改正で，連結計算書類制度が導入された。即ち，有価証券報告書を作成・提出する大会社では，連結計算書類を作成する義務がある（第444条3項）とされたのである。

　現在の企業会計では，正に，主たる財務諸表が連結財務諸表で従たる財務諸表が個別財務諸表の位置付けに変わったのである。初版を出版した当時を振り返り比較すると一会計専門家（公認会計士・税理士）として隔世の感がするのは歪めない。

　本著は，初版発行当時より，初めて連結会計を学ぶ方を対象に平易に記述を試みたことに変わりはない。基礎編では連結会計の考え方を中心に，実践編では連結仕訳を中心に具体的な図解を用いて説明している。

1

今回，「やさしく学べる連結会計」三訂版刊行にあたって，改訂版発刊以来の平成22年，23年，25年の連結会計基準の改正点を反映させ，全面的に基礎編，実践編の勘定科目，仕訳，会計処理の訂正を試み，加筆を加えた。また，これに併せて具体的な図解に修正を加えた。

　簡潔に改正点を要約すると以下の通りとなる。

●連結貸借対照表

　（1）　従来，連結グループ以外からの連結子会社に対する出資金額を「小数株主持分」として示されていたが，これを「非支配株主持分」として示されることになった。

　（2）　いわゆる会計上の資本概念を純資産として示されることになった。

　（3）　従来，次の連結会計年度に企業グループとして繰り越される利益を剰余金として示されていたが，これを利益剰余金として示されることになった。

●連結損益計算書

　（1）　従来，連結グループ以外からの連結子会社に対する出資者の獲得した損益を少数株主損益として示されていたが，これを非支配株主に帰属する当期純利益として示されることになった。

　（2）　従来，貸方に発生していた負ののれん（負債勘定）については，負ののれん発生益として，収益として認識計上され，連結損益計算書において特別利益の区分に表示されることとなった。

●連結株主資本等変動計算書

（1）　連結貸借対照表の改正点でも述べたように，企業グループとして繰り越される利益を，利益剰余金として示されることになり，連結株主資本等変動計算書においても，前連結会計制度から繰り越された利益剰余金を利益剰余金期首残高といい，次の連結会計年度に繰り越す利益剰余金を利益剰余金期末残高として示されることになった。

●部分的時価評価法

平成 20 年度の連結財務諸表に関する会計基準の改正により，時価による子会社の資産・負債の評価は，全面時価評価法のみとなった。なお，持分法の適用による同評価については部分時価評価法によっている。

筆者の筆が止まっていたが，今後，経理，経営，財務に関する書籍を「やさしく学べるシリーズ」として刊行すべく，執筆活動に情熱を傾けようと考えている。特に，原価計算の造詣が深く，実務，コンサルティング等を中心業務に据えている。予算編成，管理，資金管理などの管理会計，起業家の皆様のためのノウハウ本，法人税，所得税，相続税に関するノウハウ本についてシリーズ化すべく執筆して行きたいと考えている。

最後に，三訂版の上梓にご協力ならびにご尽力いただいた㈱税務経理協会代表取締役社長大坪克行氏，編集担当加藤勝彦氏に謝意を示させていただきたい。

2020 年 3 月

公認会計士・税理士

瀬戸裕司

　連結会計の実務セミナーの教壇に立って，７年以上の時が経過している。セミナーの現場で実感するのが，連結会計の重要性が日増しに増大していることだ。大会社の連結担当者が地方からも，リピーターとして参加して下さる。

　筆者が，外資系の銀行に勤めていたことも手伝って，連結会計が主で，個別が従である企業会計観を理念として，説いてきた。日頃のコンサルティング業務でも，外資系の金融機関，アナリスト，投資家が連結会計を中心に御社を見つめていると主張しても，企業経営者の方には，なかなかご理解願えなかった。

　連結会計の本質を理解して，初めて，企業のグローバル・スタンダーズが確立されると言っても過言ではない。

　中には，グループ経営管理の対策の一環として，連結会計分析のご依頼がある。現場に参加させていただくと，子会社の経理担当者の方自体，連結会計を理解されていないケースが多いのには，正直，驚かされる。子会社側では，商法会計がいまだ中心で，連結会計になじんでいない実態がわかる。

　98年4月からの企業会計で，連結会計・時価主義会計が本格的に導入される。金融ビッグバンの到来，持株会社の解禁とともに，一挙に，企業会計は大変革が起きるであろう。欧米に比して，遅きの観は否めないが，歓迎すべき前進である。遅かれ早かれ，商法も税法も，連結会計が中心となる日も近いであろう。

　今回，本書では，初めて連結会計を学ぶ方を対象に，平易に記述を試みた。従来の既存の本では，連結会計の理念・考え方が中心で，具体的な連結仕訳の本質を図解を用いて，解説しているものが少なかった。

　そこで，本書では，基礎編で，連結会計の考え方を中心に，実践編では，連結仕訳を中心に，具体的な図解を用いて説明している。今回の連結財務諸表原則の改正論点も，包摂しているので，必ずや，読者の方々のニーズ・期待に答えられるものと自負している。実務家の方のみならず，会計士・税理士受験生，税理士の方々にまで，手にしていただければ，幸いである。

　今後，経理・経営・税務に関する書籍を「やさしく学べる」シリーズとして，刊行していきたいと考えている。かかる書籍を利用して，実務セミナー（オーダーメイド可能）を弊社で，実施しているので，資料請求したい方，ご関心のある方は，次頁まで，ご連絡いただきたい。

最後に，本書の上梓に，ご協力ならびにご尽力いただいた税務経理協会社長，大坪嘉春氏，税経セミナー編集部，加藤勝彦氏，石田博文氏，会計士補，山口真導氏に心から感謝の念を示させていただきたい。

1998 年 3 月

公認会計士・税理士　瀬戸　裕司

TEL 03-5261-8068
FAX 03-5261-5660
E-MAIL　solution@management.co.jp
HOMEPAGE　http://www.management.co.jp/

● 連結会計の学習のポイント

・・・連結会計の実務セミナーの冒頭で，お話している内容です。これだけを押さえて頂ければ，必ず，連結会計を容易に理解にすることができます。

● 連結財務諸表原則の改正論点を包摂

・・・全面時価評価法，税効果会計，のれんの償却期間等，主要な改正論点を具体的な仕訳と図解で解説しています。今後の改正論点も順次，改訂版で補足していきます。

● 平易な記述・キーワード

・・・支配力基準，持株比率基準，親会社概念説，経済的単一説など，会計士2次試験等の会計学で出てきそうな専門用語は，原則，簡単な解説を加えるに止め，なるべく一般用語で，連結会計になじんでいただくことをモットーに記述しました。単元ごとにでてくる重要語句を太文字とし，基礎編キーワードとして，章末に要約してあります。

● 基礎編と実践編

・・・本書の構成は，基礎編と実践編に分けてあります。基礎編では，連結会計の具体的作成基準や連結特有の勘定科目，基本的な考え方を中心に解説しております。

　実践編においては，連結会計の作成手続に準拠して，連結会計に特有の仕訳を具体的に図解とフローチャートを利用して，わかりやすく説明しております。実践編で，連結会計特有の考え方に戻りたい場合，あるいは，仕訳の根拠に遭遇した場合には，学習上のポイントと基礎編を繰り返し読み込んで下さい。

● 本書の表記について

（1）本文中で「　」でくくってある部分は勘定科目を示しています。
　　　例）「資本金」は資本金勘定を示しています。

（2）資本とは，貸借対照表の"純資産の部"を示しています。法定準備金と剰余金の残高がゼロであれば，「資本金」と資本は一致します。

　なお，実践編の構成は各項目ごとに，要約が最初に示されています。そして例題と解答があり，さらに詳しい説明が解説に示されています。したがって，各項目の最初の記述が理解できない時は，解説をじっくりと読んで下さい。さらに，応用的な論点として参考を設けてありますので，幅広い知識修得と理解のために活用してください。

やさしく学べる　連結会計

目　次

基　礎　編

実　践　編

連結会計の学習法

連結会計の学習法 ── 連結会計を容易に理解するための重要ポイント

連結会計って，本当に難しいの？

　金融ビッグバンの到来とともに，企業会計においては，時価主義会計と連結会計の導入が本格的となります。1998 年は連結元年ともいうべきで，連結会計にとって，エポックメーキングの年となりました。従来の個別財務諸表が主で，連結財務諸表が従の企業会計観が，180 度転換したのです。

　実務セミナーで，連結会計の講演をすると，決まってこういった質問を受けます。「連結って，難しいですよね。」「連結って，どうしたら容易に理解できますか？」連結会計は，本当に難しいのでしょうか？

　実際，会計士試験レベルで，連結会計の授業は，3 時間の授業で 12 コマから 14 コマぐらいとる専門学校が多いようです。日商簿記検定では，2 級（2016 年以降）で若干，1 級で頻繁に出題される論点です。でも，税理士試験の簿記論には，余り出題されていません。私の実務家向けの連結会計セミナーには，税理士さんが，受講されることもあるくらいです。

連結会計は，仕組み・構造と基礎概念を押さえれば，決して難しくない！

連結会計は，構造と基礎概念を押さえれば，決して難しくありません。ただし，**日商簿記２級程度の個別財務諸表の体系的知識と理解が大前提です。**いつも，この点を講義で必ず強調しています。

経験的に，初学者の方は，連結会計の仕訳を一生懸命暗記しようとする傾向があります。しかし，実務で利用できるようになるためには，連結会計の仕訳をマスターする必要があります。本書でも，後段は，実践編として，仕訳をマスターするポイント・考え方をコンパクトにまとめてあります。でも，各論点のページを読んだら，必ず，学習法と基礎編を何度も読み返して下さい。これが，連結会計を理解にする重要なポイントになるのです。

連結会計の仕組み・構造と基礎概念

（１）なぜ，連結会計が必要なのか？

なぜ，連結会計が必要なのでしょうか？　連結会計のセミナーで，次のような事例を挙げています。

ある八百屋さんにざるが吊るしてあります。よくお金が入っていますね。ある日，小学校から帰ってきた息子が両親の目を盗んで，

お金を手にしましたが，すぐ捕まりました。この時，両親はひどく怒りました。でも，警察沙汰にはしませんでした。刑法上も，犯罪にはなりません。同じ家族の内部での出来事と考えるから，当然のことです。

　では，お客さんが同じことをしたらどうなるでしょうか？　店主は，警察に犯人を突き出すでしょう。外部の人間が，引き起こした犯罪と考えるからです。

　今，両親を親会社，子供（息子）を子会社に例えましょう。上の事例で犯罪と見なされないのは，両親と子供の関係を一つの家族（グループ）と見るからですね。極端にいえば，家族内で，両親の目を盗んでお金を手にしても，道徳的には問題でも，単なる家族内での資金移動と見てしまうのです。外部の第三者が盗んで，はじめて犯罪となります。

　これに似た事例は，企業会計上でも，散見されます。期末に，親会社の経常利益が計画より不足しているので，子会社に合理的な購入動機がないのに，押し込み販売するケースです。個別財務諸表のレベルでは，実現主義の要件を満たしている限り，収益の認識を認めますが，親会社と子会社を同一のグループと見た場合は，どうでしょうか？

　単に，物と資金のグループ内部での移動であり，外部の第三者に引き渡されていない限り，収益の計上は認められません。

※ 2017 年以降の 2 級レベルの実力を持つ方であれば基本は身についています。

　初めて，連結会計を学習される方は，2 以上からなる企業集団（連結グループ）を単一の組織と見なして，企業集団（連結グループ）の財政状態及び経営成績を報告するために作成されるのが，連結財務諸表であると定義して下さい。

　個別財務諸表では，連結グループ全体の適切な財政状態及び経営成績を表示できない，限界があるといって良いでしょう。だから，連結が必要なんだというイメージで連結会計を捉えておいて下さい。

（2）親会社・子会社の個別財務諸表の単純合算と作成主体

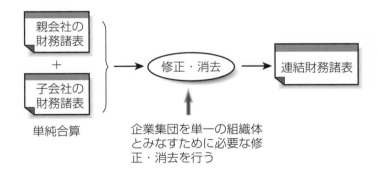

　図をご覧になって下さい。連結財務諸表の作成は，まず，親会社と子会社の財務諸表を単純合算することからはじまります。そして，

親会社が，連結財務諸表を作成するために，修正・消去仕訳を行うのです。

　連結会計の重要ポイントの１つとして，連結財務諸表の作成は，まず，親会社と子会社の財務諸表を単純合算することからはじまる点と連結財務諸表の作成主体は親会社であるということを理解して下さい。

（3）作成する連結財務諸表はなに？

　連結財務諸表とは，**連結貸借対照表・連結損益計算書・連結株主資本等変動計算書・連結キャッシュフロー計算書**の４つです。（連結）株主資本等変動計算書（Statement of Shareholders' Equity；以下Ｓ／Ｓ）とは，連結貸借対照表の純資産がどのように変動したかを報告するための書類です。従来個別で作成した利益処分（損失処理）計算書，連結剰余金計算書の代わりに作成することが義務付けられました。

　本書では，連結会計の入門編ですので，細かい連結財務諸表の表示面には，あまりこだわらないで下さい。

　より重要なのは，連結貸借対照表・連結損益計算書と連結株主資本等変動計算書の関係です。連結株主資本等変動計算書において，利益剰余金期首残高は，当期純利益の獲得で増加（Ｓ／Ｓの貸方）し，配当等で減少し，その結果が，利益剰余金期末残高になります。

(4) のポイントの項で非常に大切になります。頭にたたき込んで下さい。

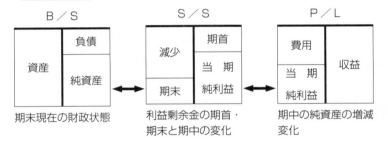

連結財務諸表
- 連結貸借対照表（B／S）
- 連結損益計算書（P／L）　→　当期純利益まで計算
- 連結株主資本等変動計算書　→　B／Sの純資産がどのように（S／S）　変動したかを報告
- 連結キャッシュフロー計算書

三者の関係

B／S	S／S	P／L
資産 / 負債 / 純資産	減少 / 期末 / 期首 / 当期純利益	費用 / 当期純利益 / 収益
期末現在の財政状態	利益剰余金の期首・期末と期中の変化	期中の純資産の増減変化

（4）連結株主資本等変動計算書と連結仕訳を理解する上でのポイント

　実践編で，純資産と投資の相殺消去仕訳に入ってすぐ，「**資本剰余金（B／S）**」，「**利益剰余金（B／S）**」とか「**資本剰余金期首残高（S／S）**」，「**利益剰余金期首残高（S／S）**」という勘定科目がでてきます。初学者の方には，分かりにくいと思うのですが，連結会計は，（2）でご覧になった連結財務諸表の作成手順を毎年繰り返

します。とにかく，親会社と子会社の個別財務諸表を単純合算することからスタートするのです。

　前期の連結財務諸表に修正を加えてという作業はありえません（表示面等で参照することはあるでしょうけれど）。実践編で学習する連結仕訳を，過年度に遡って，親会社が単純合算した数値に加えていくのです。当期出てきた連結会計特有の損益勘定科目は，翌期には，全部，利益剰余金期首残高になります。

　個別財務諸表であれば，過年度の損益修正は，特別損益項目として行われます。その結果は，貸借対照表の繰越利益剰余金に集約されます。合併会計でも，過年度の損益修正に伴う貸借対照表の修正勘定科目は，繰越利益剰余金勘定ですね。これと，同じようにして，連結会計も考えておくと良いでしょう。**過年度の損益修正項目の相手勘定は，利益剰余金期首残高であるということを！**

(5) 非支配株主に帰属する当期純利益勘定（P／L）と非支配株主持分勘定（B／S）

　連結会計を学習していくと，連結会計特有の勘定科目が出てきます。「**非支配株主に帰属する当期純利益（P／L）**」と「**非支配株主持分（B／S）**」が，その代表例です。

　ご存じのとおり，子会社の株主構成をみると，親会社が100％所有している場合は，一人しか株主はいませんが，それ以外のケー

スでは，複数の株主が存在しています。

　連結会計上は，子会社の株主構成を，大ざっぱに親会社とその他の株主の持分に分けます。これが，親会社持分と非支配株主持分（B／S）です。子会社が，いくつあろうとも，連結会計上は，一対一の関係で，親会社持分と非支配株主持分（B／S）しかないのです。

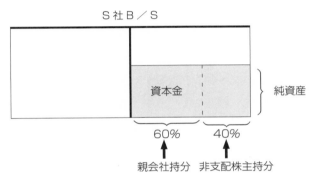

S社B／S

資本金 } 純資産

60% 40%

親会社持分 非支配株主持分

　例えば，子会社が当期 100 円の利益を獲得したとしましょう。この利益は，親会社と子会社の個別財務諸表の単純合算で，加算された状態にあるわけです。連結財務諸表を作成するのは，親会社でした。もし，子会社の親会社持分が 60％で，非支配株主持分が 40％としましょう。この時，親会社のする連結仕訳は，

（借方）非支配株主に帰属　　　／（貸方）非支配株主持分 40 円
　　　　する当期純利益　 40 円

となります（詳しくは，実践編☞P.**55** を参照して下さい）。

　ここで，「非支配株主に帰属する当期純利益」は，連結損益計算

書上の勘定科目で，収益勘定にも，費用勘定にもなる性質のものです。上記の仕訳をご覧下さい。この仕訳は，親会社が行うもので，連結損益計算書上，費用勘定となります。結果として，単純合算されている利益が，連結会計上，40円減少するわけです。説明すると，親会社が，非支配株主さんたちに子会社の利益を持分比率に比例して，分け前をあげたわけですね。

　まだ，本格的に，連結会計を学習していない方にとっては，すこし難しいかもしれません。ただ，「非支配株主持分」と「非支配株主に帰属する当期純利益」を理解することは，非常に重要なことです。連結上，正しい損益はいくらか，企業グループとして，本当に実態を示している利益はいくらかを常に念頭においてください。その場合は，これら2つの勘定で，調整を行います。難しく考えず，「非支配株主さん，この分あげますよ。この分，負担してくださいね。」ぐらいの感じで学習を進めて下さい。

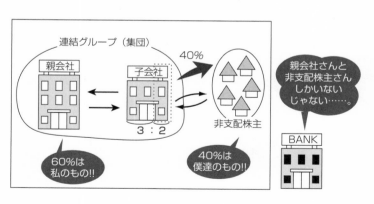

(6) 連結会計上，あるべき仕訳と個別会計上の行った仕訳を 比較する

　親会社の財務諸表と子会社の財務諸表が単純合算されているのが，連結会計のスタートでした。これに，親会社が連結特有の修正・消去仕訳を行うのが，ポイントでした。

　「連結特有の～」の意味には，大きく２つあります。

> ①　連結グループの実態からみて，適切な財政状態と経営成績を表示するために，合算された財務諸表の数値をどのように修正したらよいかという点
>
> ②　連結上あるべき数値にするために，個別会計上，親会社と子会社が行った仕訳を取り消す，消去するという点

　そこで，実践編で，学習する項目ごとに，この２つの点を思い出して下さい。連結の仕組み・構造と基礎概念を踏まえながら，この２つの点を念頭に，実践編の仕訳をマスターすれば，必ず，連結会計を得意にすることが出来ます。

(7) 連結会計はフロー法で理解する

　受験簿記上，連結会計を学習すると，フロー法とストック法という受験テクニックを習います。初学者の方は，何のことやら分から

11

ないでしょう。特に，『資本取引の連結処理』（実践編☞P.**48**参照）
で，答案作成処理の時間短縮に効果を発揮します。

　簡単にいうと，フロー法は，親会社が子会社の支配権を獲得した
後，毎年の連結仕訳をすべて時系列的に行い，連結財務諸表を作
成・理解する方法です。

　一方，ストック法は，連結財務諸表を作成する一定時点の子会社
の純資産状況，持分比率，連結勘定科目の特性に注目して，一発で
連結の開始仕訳を求める方法です。前者が，手間暇がかかるのに対
し，後者は，簡便ですが，初学者の方は，フロー法で連結会計の学
習を進めて下さい。

　「急がば，回れ。」と申します。ストック法でも，結果は同じで，
簡便的で便利なのですが，相当の鍛錬と連結会計の知識が必要です。
連結会計の本質を理解する上では，フロー法を推薦します。本書の
実践編は，すべてフロー法で記述されています。もちろん，随所に
比較検討のため，ストック法による解説も挿入してあります。

　「それでも，フロー法がわからない？」という方は，実践編をマ
スターしていただければ，それが，フロー法です。自然にマスター
できるようになっています。

基礎編

1. 連結財務諸表の必要性

1 連結財務諸表と経営者

　企業がある程度の規模になり複数の事業を展開するようになると，必ずと言ってよいほど資本の上で関係のある子会社などを持つようになります。そして，企業グループとして経済活動を行います。

　ひとつの企業で，多角化した事業を展開するのではなく，独立した企業として活動して変化のスピードに対応するわけです。大企業においては，海外にも多数の関連企業を有しています。経営陣としては，自らの会社のみではなく企業グループとしてどうあるべきか，というスタンスが当然必要になります。ここでは，**連結経営**という観点が要求されます。

2 連結財務諸表と投資家

　また，企業グループに投資をする投資家にとっては，単体の企業の業績だけを評価するのではなく，当然グループ全体のリターンとリスクを的確に判断していかなければなりません。

　業績のよい親会社の裏で，海外の子会社が多大の欠損を抱え最終的に親会社が損失をかぶったという事例はバブルの崩壊後，我々が散見しているところであります。

　上記のように，企業グループとして活動をしている企業にとっては，単体の情報ではなく**連結ベースの情報**でなければ意味のないものとなっています。

3 **連結財務諸表とグローバルスタンダード**

　我が国企業は，ますます国際化が進んできましたが，欧米で財務諸表と言えば，当然連結財務諸表を意味しているものであり，連結での考え方が一般化しています。会計の**グローバルスタンダード**は，もはや連結と言わざるを得ません。そしてこの傾向は，ますます強まるに違いありません。

　我が国では，金融商品取引法においてのみ原則的に連結決算が導入されています。しかしながら，時勢の流れは会社法会計や税務会計にも影響を与え，平成 14 年度（2002 年度）の法人税法の改正により，連結納税制度が導入され，同年の会社法の改正で，連結計算書類制度が導入されるに至りました。

経 営 者➡ 連結ベースでの経営判断

投 資 家➡ 連結ベースでの投資リターンとリスクの評価

グローバルスタンダード➡ 連結財務諸表

Coffee Break

日本の連結のかつての実状

　個別決算の監査でのひとこま。「この債務保証については，危険性が高いので，引当金を今期から，積んで下さい。」「まあ，そこをなんとか。」

　「投資有価証券のこれですけど，この会社の財政状態はひどいので，強制評価減して下さい。」「当社では，回復する可能性は，十分あると考えております。」やらやら。

　個別財務諸表のレベルでは，経常利益や当期利益の修正に係わる事項について，会社側は，徹底抗戦する。ルビコン川を渡ろうとすると，最後の砦に，重要性の原則を持ち出してくる。

　ところが，連結決算では？「すみません。持分法適用利益，この分間違っているので修正して下さい。」「はい，わかりました。」いたって，素直だ。連結は，添付書類の認識なので，簡単に修正に応じる。

　かつてひどいケースでは，連結財務諸表の作成を会計士がしているケースもあった。二重責任の原則はどこにあるのか。こういう会社のトップの方の，グローバルスタンダーズは，はなはだ疑わしいと，言わざるを得ないと感じたものであった。

2. 親会社，子会社，関連会社ってなに？

1 親と子，親戚について

　連結について論じていくためには，これらの用語については完全に理解しておかなければなりません。まず，イメージを持っていただくと，親（人間）は子について何から何まで面倒をみていますが，会社で考えても同様であり，親が子を支配しているということになります。関連会社とは親戚のようなもので，子ほど緊密ではないが，ある程度の支配関係を有しているものです。

2 親会社・子会社ってなに？

　親会社・子会社を定義すると次のようになります。"ある会社"が，"他の会社"を支配している場合，"ある会社"を**親会社**といい，"他の会社"を**子会社**と呼びます（以下，子会社とはこの定義によります）。ここで，支配とはどのようなことかというと，次のとおりです。

（1）"他の会社"の議決権の過半数を実質的に保有している場合

　　議決権の過半数を保有しているとは，具体的には，"他の会社"が発行する株式を50％超所有していることです。"実質的に"とは，株式等の名義が直接的に親会社になっていなく

ても，親会社の自由になる役員などの名義になっていてもよいという意味です。親会社の意思で所有しているのですが，名義だけは他人名義にしているという理由で子会社からはずすことはできないわけです。

(2) "他の会社" の議決権の所有割合が50%以下（40%～50%）であっても，なおその所有割合が高く，かつその会社の意思決定機関を支配している事実がある場合

　"他の会社"の議決権を過半数所有していなくても，結果的にその会社を自由にコントロールできる状態にある場合を言っています。具体的には次のような例が挙げられます。

① 　議決権を行使しない株主がいるため，過半数は所持していないが結果的に株主総会で継続的に決議の過半数を占めることができると認められる事実。

② 　役員・関係会社等の協力的な株主の存在により，株主総会において議決権の過半数を継続的に占めることができると認められる事実。

③ 　"ある会社"の役員もしくは従業員である者又はこれであった者が"他の会社"の取締役会の構成員の過半数を継続して占めている事実。

④ 　重要な財務及び営業の方針決定を支配する契約などが存在する事実。

　また子会社の子会社のことを**孫会社**と呼びますが，この孫会社も親会社（"ある会社"）からみれば，子会社の範疇に入ります。次の

図によれば，C社はA社の孫会社であり，同時に連結作成上C社はA社の子会社となります（%は議決権の所有割合を示します）。

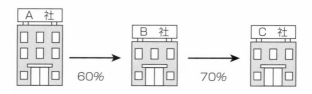

　また，少々複雑になりますが，次の図のような場合，C社もA社の子会社になりますので注意が必要です。要するに，親会社自らが支配していなくても，親会社と子会社の両者で支配している会社も子会社の定義に当てはまるのです。下記の支配の内容が議決権の所有である場合，A社からみてC社の議決権をB社が保有している状況を**間接保有**といいます。これに対して，A社の保有だけでC社の議決権の50%を超えている場合を**直接保有**と呼びます。

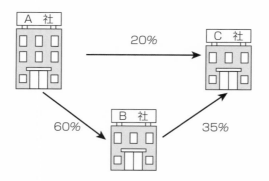

　いずれにしても，親会社と子会社は支配・被支配の関係にあるといえます。したがって，更生会社・整理会社・破産会社等であって，有効な支配従属関係は存在せず組織としての一体性を欠くような場

合は，もはや子会社には該当しません。というのも，上記のような
会社については，管財人や裁判所などの支配下に入り，組織的な行
動も制限されてしまうからです。

③ 関連会社ってなに？

　次に**関連会社**とは，親会社及び子会社が，出資・人事・資金・技
術・取引などの関係を通じて，子会社とはなっていない他の会社の
財務や営業の方針決定に重要な影響を与えることができる場合の他
の会社のことを言います。

　次のような場合，重要な影響を与えることができないということ
が示されない限り，関連会社に該当します。

**（1）子会社以外の会社の議決権の20%以上を実質的に保有し
ている場合**

　実質的にとは，子会社の場合と同じ意味です。また，一時
的に20%以上を保有している場合は除かれます。

**（2）議決権の所有割合が20%未満（15%以上）であっても，
一定の議決権を保有し，かつ当該会社の財務及び営業の方針
決定に重要な影響を与えることができる一定の事実が認めら
れる場合**

　少しイメージがわきにくいかもしれませんが，重要な影響
を与えることができる一定の事実とは，例えば結果としてそ

の会社の財務や営業に大きな影響を与えるような契約がある
場合等と指摘されます。

　親会社と関連会社の関係は，子会社のような支配従属という強い
関係ではありませんが，財務及び営業の方針に重要な影響を及ぼす
ことができる程度の関係を何らかの形で有しているということです。

　したがって，蛇足ではありますが，更生会社・整理会社・破産会
社等で財務及び営業の方針決定に重要な影響を及ぼすことができな
い会社は関連会社には該当しません。

　また，**関連**会社と類似する言葉で**関係**会社という言葉が使われま
す。この関係会社とは，親会社・子会社・関連会社などをひっくる
めた呼び方です。つまり，親や子や親戚など何らかの関係のある会
社群のことを一言で表現しているのです。細かいところですが，誤
解のないようにして下さい。

親 会 社➡ "ある会社" が "他の会社" を支配している場合の "ある会社"

子 会 社➡ "ある会社" が "他の会社" を支配している場合の "他の会社"

関連会社➡ "ある会社" が子会社以外の "他の会社" の財務や営業の方針に重要な影響を及ぼすことができる場合の "他の会社"

関係会社➡ 親会社・子会社・関連会社などの会社の総称

3.　どこまで連結するの？

❶　連結の範囲

　どこまで連結するのかということは，どの会社を連結するのかということです。これを一言でいうと連結範囲をどのように決定するかということになります。

　連結範囲の原則は，すべての子会社を連結するということです。

❷　連結の範囲から除かれる会社とは？

　しかしながら，子会社の中で連結の範囲に含めることによって，企業グループの実体を逆にあらわさなくなる子会社はその範囲に含めないことになります。それは，次のような会社です。

> **（1）** 支配が一時的であると認められる会社
>
> **（2）** その他連結をすることによって利害関係者の判断を著しく誤らせるおそれのある会社（例えば，インフレーションの激しい国にある子会社など）

❸　連結の範囲から除くことができる会社とは？

　子会社のうちその資産・売上高からして，連結の範囲から除いてもその企業グループの財政状態・経営成績に関する判断を歪めない程度に重要性の低い子会社は連結の範囲から除くことができます。

　重要性の低いとはどのような尺度で判断するかというと，売上高と純利益（又は純損失）と総資産と剰余金のすべてについて，連結しない子会社（**非連結子会社**と呼ぶ）の合計額が親会社と連結する子会社（**連結子会社**）との合計額の３～５％以下であれば重要性がないと判断する指針が公表されています。ただし，実質的な重要性は個々のケースについて判断していくことになります。

　例えば売上高に関して，次のような比率を計算して重要かどうかの判断の一助にします。

$$\frac{連結しない子会社の売上高合計}{親会社と連結子会社の売上高合計}$$

　さらにこの比率を純損益・資産・剰余金について計算します。重要なことはこれだけの計算だけで重要性の判断ができるというわけではなく，あくまでも判断の一助に利用し最終的には総合的に諸事情を勘案して重要性を判断するということです。

　雑談になりますが，どこまで連結するかということを，以前は形式的な**持株基準**によっていたといえます。議決権の過半数を所持する子会社が連結の対象になるわけです。逆に述べれば，議決権の過半数を割っていればどんなに重要であってもその会社は連結の対象とはなりません。

　これにより，議決権の所有割合が５０％以下であっても実質的に支配している会社が連結グループに含まれないことになるケースがありました。いわば意図的に連結からはずすことも可能であったわけです。これを是正するため，今まで述べてきた**支配力基準**が導入されたわけです。

連結の範囲 ➡ 原則としてすべての子会社が対象

連結の範囲から除かれる会社

　　➡ 一時的に支配していると認められる

　　　会社・連結することによって利害関

　　　係者の判断を誤らせるおそれのある

　　　会社

連結の範囲から除くことができる会社

　　➡ 重要性の低い会社

Coffee Break

50％と51％では　小さな差？　大きな差？

　これは，持株比率を示している。以前の連結原則では，子会社・関連会社の定義がこの持株比率によっていた。つまり，持株比率51％の会社は子会社となり連結の範囲に含められるが，50％の会社は，どんなに重要な会社であっても子会社にならなかった。これは，関連会社についても同じで，その持株比率は20％を境にしていた。これを利用した人為的な子会社はずし，関連会社はずしも散見されていた。

　しかしながら，『基礎編２　親会社・子会社・関連会社ってなに？』(☞P.18)にあるとおり，持株比率でなく実質的に支配しているかどうかが判断基準になった。

　これによって，かつては50％と51％は非常に大きな差であったが，現在では，単なる１％の小さな差以外の何物でもないということになったのである。

4. 連結の意味とは？

　今までのところ，**連結**という言葉を多用してきましたが，ここでは，イメージとして連結するということがどのようなことなのかを理解していただきたいと思います。

　連結とは，大ざっぱにいうと親会社の財務諸表と子会社の財務諸表の結合を意味します。とりあえず，親会社の財務諸表と連結の範囲に含まれる子会社の財務諸表とを合計した単純合計の財務諸表を出発点とします。

　しかしながら，この単純合計の財務諸表では，連結グループの正しい財政状態及び経営成績が表示されません。というのも，例えば親会社と子会社の間の取引は両者でそれぞれ計上していますので，単純合算しただけではダブって計上されてしまいます。このような不都合な部分を修正して，最終的に連結企業グループとしての財務諸表を作成します。この不都合な部分の修正が各種の連結仕訳になり，いわゆる連結処理の中心的部分になります。本書でも，実践編でその詳細を扱っていきます。

　連結を考えるときに重要なことは，**財務諸表の単純合算を前提**としていることです。そして，それをどのように修正したら連結企業グループの財政状態及び経営成績を示すことができるかということを考えるのが連結の本質です。この本質を忘れずに，各種連結処理を理解するときに照らし合わせて下さい。単純なことなのですが，このことを理解しているかどうかが，連結財務諸表の作成及び分析に大いに役立ちます。

連結の本質 ➡ 親会社の財務諸表と連結の範囲に含まれる子会社の財務諸表を合計した単純合計の財務諸表を前提とし, それをどのように修正したら連結企業グループの財政状態及び経営成績を示すことができるかということを考えること。

親会社の財務諸表　子会社の財務諸表 → 修正・消去 → 連結財務諸表

5. 持分法ってなに？

1 持分法ってなに？

　持分法とは，**部分連結**あるいは**一行連結**と言われるように連結処理の一部分を表現しています。

　具体的には，連結が資産・負債・純資産・売上高・経費などについて個別に合算するのに対して，持分法は，持分法適用会社の利益又は損失だけを親会社の財務諸表に反映させます。

　つまり，資産の増減などの途中については省略し，最終の利益または損失のみを反映させることになります。言い換えれば，最終損益をグロスで表現するか，ネットで表現するかの違いです。

　財務諸表の構成から考えると，グロスで表現する場合は，貸借対照表項目と損益計算書項目についてそれぞれ考えなければなりませんが，ネットの場合には，損益というひとつの項目だけを考えればよいわけです。このため，部分連結あるいは一行連結と呼ばれるのです。

2 持分法の適用範囲

　この持分法の適用対象となる会社は，**非連結子会社**と**関連会社**です。

　ただし，持分法の適用が連結財務諸表に重要な影響を与えない会社については，持分法を適用しないことができます。

　ここで，その重要性について，重要な影響は与えないということはどのような尺度で判断するのでしょうか？

　純利益（又は純損失）と剰余金という尺度について，持分法を適用しない会社の合計額の，親会社と連結する子会社（連結子会社）と持分法を適用する会社の合計額に対する割合により，判断されます。ただし，実質的な重要性は個々のケースについて判断していくことになります。

持分法 ➡ 持分法適用会社の最終の利益又は損失だけを親会社の財務諸表に反映させる計算方法（部分連結・一行連結）

持分法適用会社

　　➡ 原則としてすべての非連結子会社と関連会社

持分法適用会社から除くことができる会社

　　➡ 持分法の適用が連結財務諸表に重要な影響を与えない会社

Coffee Break

関係会社と関連会社

関係会社という用語と関連会社という用語がある。非常によく似てるが，1字だけ異なる。つまり，「係」と「連」である。たったの1字であるが内容が全く違ってしまうので，使用する時には注意したいものだ。

関連会社とは，親会社や子会社などと同次元の用語である（具体的には『基礎編2　親会社・子会社・関連会社ってなに？』（☞P.18）参照）。

関係会社とは，親会社・子会社・関連会社そして自社が他の会社の関連会社である場合の他の会社のことをいう。したがって，親会社や子会社などの一段上の概念といえる。

有価証券報告書などでは，「関係会社株式」，「関係会社に対する資産・負債」などという形で利用する。くれぐれも，関係会社というところを関連会社などと表現しないように，充分気をつけて使い分けること。

6. 連結の決算日と子会社の会計処理

1 連結の決算日について

　連結財務諸表の作成は期間を1年とし，親会社の会計期間に基づいて年1回一定の日をもって**連結決算日**とします。したがって，親会社の決算日がそのまま連結決算日になります。

　ここで子会社のすべてが，親会社と同じ決算日であれば問題ないのですが，もし決算期が異なる子会社があった場合はどのように処理すればよいのでしょうか？

　原則として，子会社の決算日が親会社の決算日と異なる場合には，子会社は連結決算日に，正規の決算に準ずる合理的な手続により決算を行わなければなりません。つまり，子会社は自社の決算日と連結決算日の2回に決算を実施しなければならないことになります。これは大変な事務負担になると思われます。

　そこで，親会社と子会社の決算日の差が3ヶ月を超えない場合は，子会社の行った決算を正規の決算として，連結上利用することができます。決算日の差が3ヶ月以内であれば，子会社では1回の決算で済むというわけです。

　ただし，この場合時期の違う決算書を合算しますので，当然両者の間で取引金額が一致しなくなります。そこで，決算期が異なることから生じる連結会社間の取引に係る会計記録の重要な不一致については，必要な整理をすることが要求されています。一方，重要でない不一致については，無視してもよいことになっています。

親会社と子会社の会計処理の原則及び手続

　次に，**親会社と子会社の会計処理の原則及び手続**は，同じでなければならないかということですが，同一環境下で行われた同一の性質の取引については，原則として親会社と子会社で統一しなければならないとされています。

　しかし，環境が異なれば当然異なる会計処理及び原則が企業グループ内で採用される可能性もあります。

　また，今まででは，親会社の会計処理にできる限り統一するという親会社中心の考え方でしたが，上記では，同じ環境下にあればより合理的な会計処理に統一するということですので，親会社が子会社の会計処理基準に修正するということも考えられます。

　このように我が国でも，親会社中心の考え方よりも企業グループ中心の考え方が強くなってきたといえます。

連結決算日

➡ 年1回で親会社の決算日。子会社の決算日が異なる場合は，子会社で正規の決算に準じる手続を実施。決算日の差が3ヶ月を超えていなければ，親会社との重要な取引の不一致を整理することを前提に子会社の決算をそのまま利用できる。

会計処理の原則及び手続

➡ 同一環境下で行われた同一の性質の取引については，原則として親会社と子会社を統一

Coffee Break

連結決算主体の実務上の留意点

　支配力基準の導入により，連結対象会社は，格段と増加する呈となった。日経等の記事によれば，アメリカのFASBでは，実質支配力基準の導入が図られているとのこと。要するに，一人の役員を子会社に派遣していても，連結の対象となる。

　問題は，実務上の取り組み方だ。資本関係のない人的関係会社では，規模にもよるが，財務諸表の作成主体が，顧問の税理士事務所で，計算書類ベースが大半だ。しかも，連結上，今回から，原則として，親会社と子会社の会計処理を統一しなければならない。親会社は，当然，財規ベースで，個別決算を実施している。担当の税理士に，連結会計を質問しても，よく分からないケースも時に耳にする。

　連結会計が中心となった企業会計において，早急に，連結会計を専門に担当する主計部署を，組織上，設置する必要があるだろう。親会社で，連結に精通している方を子会社に派遣するのも当然であろう。連結会計に取り組む組織体制，内部統制の整備・運用は現在においては当然の事となった。

7. 連結財務諸表を作成 するまでの手順

　連結財務諸表を作成するまでには，どのような手順を踏めばよい のでしょうか？

　次に，想定される典型的な例を示します。

（1）連結対象グループ会社の会計処理手続の統一

　　　これについて理論的には連結対象年度が始まる前までに終 了していなければなりません。

（2）連結対象会社と親会社間及び連結対象会社間の取引に ついて他の外部の会社との取引と区別しておく体制の整 備

　　　親会社と子会社の間の取引，子会社間の取引については， 連結仕訳の対象となりますので，日常業務と平行して区別で きる体制を整えると効率的です。取引数が多くなければ期末 にまとめて拾うことも考えられますが，取引数が多くなると 物理的に困難になります。

（3）親会社と連結対象会社との間及び連結対象会社間の取引で未実現利益が発生していないかどうかの調査

　　未実現利益の詳細については，『実践編４．未実現損益の連結処理』（☞Ｐ.98）を参照して下さい。連結グループ内の未実現利益の発生している取引を抽出することになりますが，当年度だけでなく過去の取引も対象となる可能性がありますので，注意する必要があります。

（4）棚卸資産・固定資産について未実現利益が生じている場合，どのように利益部分を算出するかの方法を決定

　　個別に算定できる場合はよいが，できない場合には何らかの客観的方法を継続して適用していく必要があります。

（5）各会社で個別の決算を実施し，連結精算表の基礎データを入手する。そのデータを連結精算表上で合算

　　それぞれ各会社では，会社法の決算スケジュールに従って処理されます。金融商品取引法上の決算書類は有価証券報告書という形で決算期日後３ヶ月以内に財務大臣に提出しなければなりません。

　　そして，その前にタイムリーディスクロージャーの観点から，決算短信という財務情報を作成して記者発表されています。この決算短信の発表は各社バラバラですが（早い会社で３週間くらい，遅い会社で２ヶ月ぐらい），年々早まる傾向

にあります。

　企業グループの状況を把握するために，子会社と親会社を合算した連結数値が利用されることがあります。

　連結数値の発表に間に合うように連結財務諸表及び連結精算表が作成できなければなりませんので，これを念頭に各社からデータを入手する必要があります。連結精算表の詳細については，『実践編 6. 連結精算表』(☞P.142) を参照して下さい。

(6) 連結修正仕訳を精算表に記入

　テキストなどではこの連結修正仕訳が細かく解説されています。本書では，『実践編』(☞P.47) 以降を参照して下さい。

(7) 親会社と連結対象会社間及び連結子会社間の取引で相互の報告にズレがある場合にはその内容を調査して適正に処理

　連結精算表を記入する以前か，記入と同時に把握していく必要があります。

(8) 連結財務諸表の作成

　連結精算表の数値から連結財務諸表を作成します。連結財務諸表には，各種の注記事項がありますのでそれらも記入します。

○ KEY WORD ○

連結の事前準備

→ ① 親会社と連結対象会社の会計処理統一

② 連結会社間の取引を区別する体制の整備

③ 未実現利益の含まれる取引の抽出

④ 未実現利益の計算方法の確立

連結決算日後の手続

→ ① 各会社の決算数値を入手し合算

② 連結仕訳の記入・処理

③ 連結会社間での不一致について調査

④ 連結財務諸表の作成

Coffee Break

実務の連結と検定（受験簿記）の連結

　1日完結型の連結セミナーをしていると，何の本で，連結会計を勉強したらよいかと質問される。この本がでれば，間違いなく，自著を推薦するのだが，従来は，会計士の2次試験対策用のレジュメを勧めるケースが多かった。

　連結の実務セミナーや，基本書に取り組む前に，日商簿記検定1級を学習することを推奨したい。合格しなくても構わない（合格していただくのが，ベターだが）。日商簿記の1級程度の予備知識をもって，セミナーを受講された方が，学習効率がよいであろう。

　在外子会社の連結まで，マスターする上では，外貨換算会計に精通することが必要だ。エッセンスは，日商簿記1級で十分，吸収できる。従来は，企業経理・会計には，日商簿記2，3級程度の知識で十分とされていた。これは，旧来の個別財務諸表が主で，連結財務諸表が従の企業会計観の下での発想だ。少なくとも，大企業の経理担当者の方々は，日商簿記1級程度の知識を持つことが，最低限のラインとの認識を持ち合わせて欲しいと思う。

8.　連結財務諸表の内容と意味

連結財務諸表には次の内容が含まれます。

（1）連結貸借対照表

　　連結グループの資産・負債・純資産の状況が把握できます。そして，連結グループ以外からの連結子会社に対する出資金額が非支配株主持分として示されます。

（2）連結損益計算書

　　連結グループ全体の売上高・営業成績・利益を示しています。ここで，持分法による損益が開示されます。また，連結グループ以外からの連結子会社に対する出資者の獲得した損益もここで明らかになります（これを非支配株主に帰属する当期純利益と呼びます）。

（3）連結株主資本等変動計算書

　　ここには，連結貸借対照表の純資産の変動額の変動事由が示されます。その結果，次の連結会計年度に企業グループとして，いくらの利益を繰り越すことができるかがわかります。この繰り越される利益のことを利益剰余金と呼びます（前連結会計年度から繰り越された利益剰余金を利益剰余金期首残高といい，次の連結会計年度に繰り越す利益剰余金を利益剰

余金期末残高といいます）。

（4）連結キャッシュフロー計算書

　現代の商習慣や会計慣行から，掛け取引などの信用取引が発達したり，減価償却費などの期間損益の適正化を図るために資金の出入りとは関係なく損益が計上されたりします。これにより，利益の計上と現金の残高とが乖離してしまいます。

　いわゆる黒字倒産などということがあるのは，この乖離のためです。したがって，連結損益計算書とは別に連結グループの資金はどのようになっているかを示すのがこの計算書です。したがって，グループ全体の資金繰りが良好なのかどうかが判断できます。

KEY WORD

連結貸借対照表 ➡ 連結グループの資産・負債・純資産の状況を把握

連結損益計算書 ➡ 連結グループ全体の売上高・営業成績・利益を把握

連結株主資本等変動計算書

　　　　　➡ 連結貸借対照表の純資産の変動事由を把握

連結キャッシュフロー計算書

　　　　　➡ 連結グループの現金預金の残高など資金繰りの状況を把握

1. 資本取引の連結処理

（1）処理の意味

　連結財務諸表を作成する場合，まず，個別財務諸表を単純に合算したところから始めることは，『基礎編7. 連結財務諸表を作成するまでの手順』（☞ P.38）で示したとおりです。

　この単純合算した財務諸表では，親会社の個別財務諸表の借方の「子会社株式」，子会社の個別財務諸表の貸方の「資本金」が計上されています。これら「子会社株式」「資本金」は，法的に別個である単独会社の財務諸表という観点からはその計上が認められるものの，連結グループの財務諸表という観点から考えると，計上されるべきでない金額です。

　なぜなら，連結グループの観点から考えると，自集団の資金を使って自集団に投資したという連結グループ内部での資金の移動でしかないからです。

例 題

> P社はS社を設立するに際して3,000円を出資し，
> 100％の株式を取得した。

解 答

(単位：円)

（借）資 本 金 3,000 （貸）子会社株式 3,000

図 解

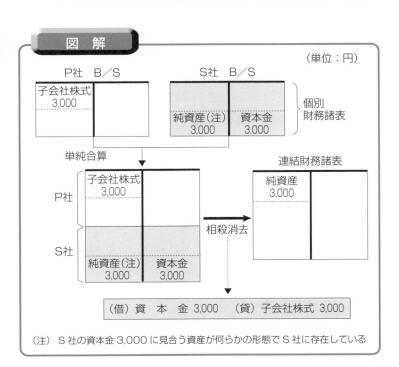

(注) S社の資本金3,000に見合う資産が何らかの形態でS社に存在している

解　説

　前記の 図解 の，P社の「子会社株式」とS社の「資本金」は，実質的には同じ内容のものです。具体的に説明するために，S社の設立の際の両者の個別財務諸表上の仕訳を考えてみることにします。

　その仕訳は次のようになります（単位：円）。

P社：（借）子会社株式　3,000　（貸）現 金 預 金　3,000
S社：（借）現 金 預 金　3,000　（貸）資 　本 　金　3,000

　この仕訳からもわかるように，P社からS社へ資金が流れています。この資金移動は個別財務諸表の観点から，ある企業から別個の企業への資金移動ということで，上記のように処理されます。

　しかし，いま我々が作成しようとしている連結財務諸表は**連結グループ**の財政状態及び経営成績を適正に表示することを目的としているのであり，個々の取引は連結グループの観点から考える必要があります。そして連結グループで上記の取引を考えると，それは連結グループ内における資金の**場所**の移動にすぎません（P社・S社の上記の仕訳を合算すると「現金預金」が相殺されることからも，そのことが理解されます）。

　したがって，「子会社株式」も「資本金」も資金の**場所**の移動から生じるべきものではないので，連結上実体のない資産・資本として，修正消去されるのです。

参　考

　本支店会計を勉強されたことのある読者の方なら，お気づきの方もおられるかもしれませんが，前頁の仕訳は本支店会計における，

「支店」と「本店」の相殺消去仕訳とパラレルで考えることも可能です。「支店」は支店への投資勘定であり，「本店」は支店における資本勘定であるからです。

　本支店会計で「支店」と「本店」を相殺消去するのは，両勘定が本店と支店の内部取引を集約した勘定であるからに他なりません。個別企業の内部取引は相殺消去されます。ここで取り上げた仕訳は連結グループ内部の仕訳を相殺消去する仕訳ですが，その目的は本支店会計における個別企業の内部取引の相殺消去仕訳と本質的に変わるところはないのです。

（2）の　れ　ん

　『（1）処理の意味』では，具体例として親会社の投資勘定と資本勘定の金額が一致する場合を取り上げました。しかし，『（1）処理の意味』の　例題　のように，子会社の設立時から 100％株式を保有している場合以外，投資勘定の金額と資本勘定の金額が一致するという例はあまり多くありません。

　会社の設立後事業活動を続けるうちに，会社の価値は変動していきます。このように会社の価値が変動してから取得した子会社株式では，投資勘定と資本勘定とが不一致になってしまいます。その価値が変動する内容としては，①子会社の資産価値の変動　②子会社の超過収益力の獲得　③株式市場での株価の変動など種々のものが考えられます。

　その内容がわかるものについては原則として，資産・負債の再評価という形で連結財務諸表に反映させます（詳しくは，『実践編 2.持分変動取引の連結処理』（☞ P.**69**）参照）。これらの処理を実施して最終的に生じる差額については，「のれん」または「負ののれん発生益」として処理されます。

　なお「のれん」は，原則としてその計上後 20 年以内に，定額法など合理的な方法により償却しなければならないとされています。

例題

資本金3,000円のS社の発行済株式100%を，P社が3,500円で取得した。

解答

（単位：円）

（借）資　本　金　3,000　　（貸）子会社株式　3,500
　　　の　れ　ん　　　500

図解

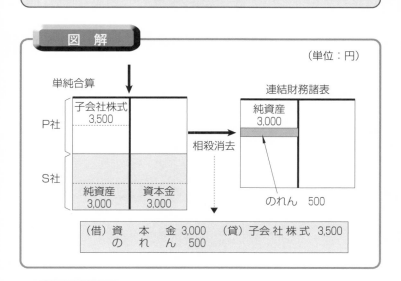

（単位：円）

単純合算

	子会社株式 3,500	
P社		
S社	純資産 3,000	資本金 3,000

連結財務諸表

純資産 3,000	

相殺消去

のれん　500

（借）資　本　金 3,000　　（貸）子 会 社 株 式 3,500
　　　の　れ　ん　 500

解説

本問の場合も，親会社が子会社株式を100%保有しているわけですから，持分としては親会社の「子会社株式」と子会社の「資本

金」は完全に対応しています。しかし，両者の金額は何らかの理由により，500円の差額が発生しています。さらにその内容は，本問では特に指示されていません。

そして，複式簿記の原則は貸借一致ですから，この差額部分を何らかの勘定で処理する必要があります。そこで「のれん」という連結会計固有の勘定を用いてこれを処理し，貸借を一致させるのです。

前述しましたが，「のれん」は原因不明の子会社資本の**増減**により発生する勘定です。言い換えれば価値の**増加**により発生します。したがって，価値が上がって設立当初より高い金額で購入していれば，借方に「のれん」が発生しますが，逆の場合には貸方に「負ののれん発生益」が発生します。

なお，のれんの償却時の仕訳は次のようになります。そして，「のれん償却」は販売費及び一般管理費の区分に表示します。（「負ののれん発生益」は特別利益の区分に表示されます。）

(単位：円)

（借）の れ ん 償 却	25	（貸）の	れ	ん	25

　＊のれん償却：500円÷20年＝25円

　　（20年で償却するとした場合）

（3）非支配株主持分

『(1) 処理の意味』及び『(2) のれん』では，親会社が子会社の
株式のすべてを保有するいわゆる100%子会社の場合を取り上げ
ました。しかし，子会社と認められれば，親会社の持株比率が
100%未満であっても，当該子会社は連結の範囲に含められるこ
とになり，原則として連結財務諸表の作成が義務づけられます。

ここで子会社とは親会社に支配されている会社であり，親会社の
持株比率が100%未満であっても，親会社による法的（形式的）
または実質的支配がある限り子会社とされます(『基礎編2. 親会社,
子会社，関連会社ってなに？』(☞ P.18) 参照)。

そして，この100%未満の株式保有の場合に生じる親会社以外
の株主のことを非支配株主と呼び，投資と資本の相殺消去の際に，
資本のうち親会社の投資勘定と対応しない部分を「非支配株主持分」
として処理するのです。

例 題

　資本金3,000円のS社の発行済株式80%を，P社が
2,400円で取得した。

解 答

(単位：円)

(借)資　　本　　金　3,000　　(貸)子 会 社 株 式　2,400
　　　　　　　　　　　　　　　　　　非支配株主持分　　600

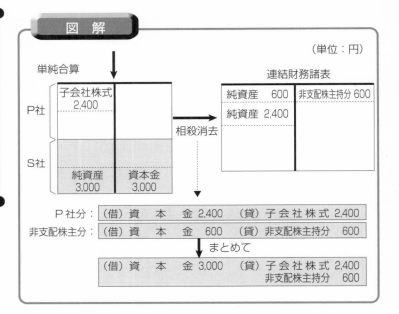

図　解

（単位：円）

単純合算

P社

　　子会社株式
　　2,400

S社

　　純資産　　資本金
　　3,000　　3,000

相殺消去

連結財務諸表

純資産　　600　　非支配株主持分 600

純資産　2,400

P社分：（借）資　本　金 2,400　（貸）子 会 社 株 式 2,400

非支配株主分：（借）資　本　金　600　（貸）非支配株主持分　600

まとめて

（借）資　本　金 3,000　（貸）子 会 社 株 式 2,400
　　　　　　　　　　　　　　　　非支配株主持分　600

解　説

　上記 図解 でも示しましたが，この仕訳のポイントは親会社持
分と非支配株主持分を分けて考えるところにあります。子会社の資
本勘定のうち，親会社以外の株主たる非支配株主の持分に当たる部
分が「非支配株主持分」ですから，その定義どおりに仕訳をすれば
よいのです。

　具体的には，子会社資本勘定の 3,000 円のうち，親会社の持分
2,400 円（3,000 円× 80%）を消去するために借方「資本金」
とします。そして P 社は S 社株式を 2,400 円で取得しているわけ
ですから，これを貸方「子会社株式」として計上します。なお本問
では両勘定の金額は一致していますので，「のれん」は発生しませ

ん。

　次に子会社資本勘定の3,000円のうち，非支配株主の持分600円（3,000円×（100%－80%））を消去するために借方「資本金」とします。そしてこの非支配株主持分はそのまま定義どおりに貸方「非支配株主持分」として同額が処理されることになります。

（4）部分時価評価法と全面時価評価法

〔1〕子会社の資産・負債の評価

　資本連結を実施する場合，子会社の価値と子会社株式の取得価額が問題になることはすでに説明しました（『（2）のれん』（☞ P.52）参照）。

　これまでの説明では，子会社の価値を子会社の資本勘定により算定してきました。つまり子会社の資産・負債の帳簿価額によって評価してきたわけですが，実際は**帳簿価額**ではなく**公正な評価額**により子会社を評価しなければなりません。子会社の価値を評価する方法（子会社の資産・負債の評価方法）には2つの方法が示されています。その2つの方法とは，**部分時価評価法**と**全面時価評価法**と呼ばれるものです。では次にそれぞれの内容をみていきましょう。

〔2〕部分時価評価法とは？

　部分時価評価法とは，議決権の取得日ごとに子会社の資産・負債のうち，親会社の持分だけを公正な評価額（以下，時価と呼ぶ）により評価する方法です。これによると，各取得日における少数株主持分は，子会社の帳簿価額により評価されます。したがって，連結貸借対照表上，子会社の資産・負債のうち親会社持分は各取得日の時価を合計したものとなり，少数株主持分は子会社帳簿価額となります。なお平成20年の連結財務諸表に関する会計基準の改正により時価による評価は全面時価評価法のみとなりました。なお，持分法の適用による評価は部分時価評価になっています。

〔3〕全面時価評価法とは？

　これに対して**全面時価評価法**とは，支配権が獲得できるまでは，何ら評価を実施せず，支配権を獲得した時に初めて子会社の資産・負債をすべて時価評価します。つまり，親会社持分だけではなく，子会社の資産・負債のすべてを時価評価するのです。また，支配権を獲得できる以前に何回かに分けて議決権を取得していても，支配権の獲得が実現した時点の1回だけ時価評価をすることになります。したがって，連結貸借対照表上，子会社の資産・負債は親会社持分・非支配株主持分を含めてすべて支配権を獲得した日の時価で計上されます。当然，非支配株主持分も時価で評価されます。以下，全面時価評価法を前提に解説します。

〔4〕重要性のない場合

　時価と帳簿価額との差額に重要性がない場合，時価で評価することなく，子会社の帳簿価額による資本勘定をベースとして連結処理することもできるとされています。

例 題

〔資　料〕

　S社の資本勘定の推移及びP社によるS社株式の取得状況は，以下のとおりである（単位：円）。

| | | | S社の状況 | | S社の資本勘定の内訳 | |
		資産	負債	資本	資本金	利益剰余金
×2.3.31	簿価	20,000	4,000	16,000	10,000	6,000
	時価	22,000	5,000	17,000	—	—

	取得日	取得割合	取得価額
株式取得状況	×2.3.31	60%	9,500

[設問]

　全面時価評価法により，当期（×2年3月期）の連結仕訳を示しなさい。なお投資消去差額はのれんとし，発生年度の翌年から5年間で均等償却を行うものとする。

解　答

（単位：円）

[設問]

・×2年3月31日支配権獲得時

<評価差額の認識>

（借）資　　　産　2,000　（貸）負　　　債　1,000
　　　　　　　　　　　　　　　評　価　差　額　1,000

＊資　　　産：22,000－20,000＝2,000
＊負　　　債：5,000－4,000＝1,000

<相殺消去仕訳>

（借）資　本　金　10,000　（貸）S　社　株　式　9,500
　　　利益剰余金　6,000　　　　非支配株主持分　6,800
　　　評　価　差　額　1,000　　　負ののれん発生益　700

＊非支配株主持分：17,000×0.4＝6,800
＊負ののれん発生益：9,500－17,000×0.6＝△700（貸方）

以上をまとめると，

↓

(借) 資　　　産	2,000	(貸) 負　　　債	1,000
資　本　金	10,000	Ｓ 社 株 式	9,500
利 益 剰 余 金	6,000	非支配株主持分	6,800
		負ののれん発生益	700

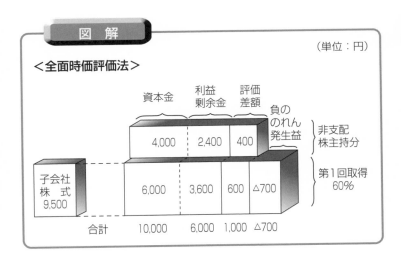

図　解

（単位：円）

＜全面時価評価法＞

解　説　　（単位：円）

〔1〕図の見方について

　まず上記 図解 を見て下さい。この 図解 は次のようなこと
を表しています。

　図解 の左側のボックスは，親会社が取得した子会社株式を表
しています。そして右側のボックスは子会社の資本勘定を表してい

ます。右側のボックスは，さらに上下に2段に分割されています。分割された下段は子会社資本のうち親会社持分を表し，左側の子会社株式と完全に対応しています（ボックス内の金額を横に合計すると子会社株式と一致します）。そして上段は，非支配株主持分を表しています。

また右側のボックスは左右にもいくつかに分割されています。左から数えて2つは，子会社の帳簿上の資本勘定を表しています（点線で「資本金」と「利益剰余金」に分けられています）。そして，その右側（左から3つ目）には子会社資本の時価と帳簿価額の差額（評価差額）が表されています。最後に親会社持分の右端には投資消去差額が計上されています。ここでは右に加えられていますが，本問ではマイナス（貸方差額）の投資消去差額（負ののれん発生益）が発生しています。

〔2〕全面時価評価法の仕訳

一方，全面時価評価法の場合，最初に子会社資本全体（すべての資産・負債）を再評価します。なお，この方法を採用する場合，**再評価**は子会社の支配権を獲得した時点でしか行いません（追加取得時の仕訳は『実践編2．持分変動取引の連結処理　(3)子会社株式の追加取得』（☞ P.**79**）参照）。

それでは，ここでも親会社持分と少数株主持分を分けて考えていきましょう。

＜親会社持分＞

（借）資　本　金	6,000	（貸）Ｓ 社 株 式	9,500
利 益 剰 余 金	3,600	負ののれん発生益	700
評 価 差 額	600		

＊資　　本　　金：10,000×0.6＝6,000

＊利 益 剰 余 金：6,000×0.6＝3,600

＊評 価 差 額：1,000×0.6＝　600

＊負ののれん発生益：9,500−17,000×0.6＝△700（貸方残）

　ポイントは評価差額（資本勘定）です。先に認識した評価差額のうち親会社持分に相当する部分だけが消去されます。

＜非支配株主持分＞

（借）資　本　金	4,000	（貸）非支配株主持分	6,800
利 益 剰 余 金	2,400		
評 価 差 額	400		

＊資　　本　　金：10,000×0.4＝4,000

＊利 益 剰 余 金：6,000×0.4＝2,400

＊評 価 差 額：1,000×0.4＝　400

＊非支配株主持分：17,000×0.4＝6,800

　こちらも評価差額（資本勘定）がポイントです。最初に行った資産・負債の再評価が，親会社持分と非支配株主持分を区別することなく行われていることから，非支配株主持分に相当する部分についてもここで消去する必要があるのです。同時に非支配株主持分の金

63

1 資本取引の連結処理

額は，資本の帳簿価額ではなく，再評価された子会社資本全体を基準として計算されることになります。

（5）利益剰余金期首残高

〔1〕連結決算手続の構造について

　連結消去仕訳を考える場合に忘れてはならない事項のひとつに，連結決算手続の構造があります。詳しいことは『基礎編 7. 連結財務諸表を作成するまでの手順』（☞ P.38）を参照していただくとして，簡単にここで必要なことをもう 1 度だけ説明させていただきます。

　まず連結決算は，毎連結決算ごとに個別会計上の帳簿とは分離して連結精算表上で行われるものです。そして，その度に親会社の財務諸表と子会社の財務諸表を単純合算するところから開始されます。

　つまり，前期以前の連結財務諸表を作成するための連結消去仕訳がなされた帳簿が存在し，これに当期分の修正消去を加えるだけでよいということではありません。

　言い換えれば，過去の連結仕訳が反映されている前期の連結財務諸表をベースとして連結決算が行われるわけではなく，過去の連結仕訳が全く反映されていない個別財務諸表を出発点として，連結決算が行われるため，毎連結決算において，新たに前期以前に行った連結消去仕訳を繰り返し実施（一般にこれを**開始仕訳**と呼びます）したうえで，当期に係る連結消去仕訳を行うという方法で連結財務諸表が作成されるのです。

〔2〕各財務諸表の関係と利益剰余金期首残高について

　そしてもう 1 つ，連結消去仕訳を考える場合に忘れてはならない事は，連結財務諸表を構成する**連結貸借対照表，連結損益計算書**，

連結株主資本等変動計算書の関係です。この各財務諸表間の関係から，前期以前に行った連結消去仕訳を，当期においてどのように処理する必要があるのかを見ていきます。そして，ここでのポイントは，利益剰余金期首残高をどのように利用するかということです。

例　題

　当期（×4年3月期）の開始仕訳を示しなさい。なおP社は，×2.3.31に純資産3,000円のS社の発行済株式100%を，P社が3,500円で取得した。なお，投資消去差額はのれんとし，発生年度の翌年から5年間で均等償却を行うものとする。

解　答

（単位：円）

＜開始仕訳＞

（借）資　本　金	3,000	（貸）子会社株式	3,500
のれん	400		
利益剰余金期首残高	100		

＜当期ののれんの償却＞

（借）のれん償却	100	（貸）の　れ　ん	100

図　解

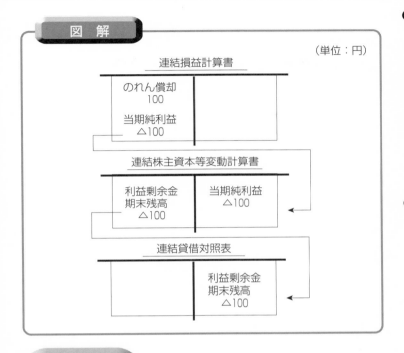

（単位：円）

連結損益計算書

のれん償却 100	
当期純利益 △100	

連結株主資本等変動計算書

利益剰余金 期末残高 △100	当期純利益 △100

連結貸借対照表

	利益剰余金 期末残高 △100

解　説

　まず上記 図解 を見て下さい。のれんの償却が行われることによって，各財務諸表上の数値にどのような変動が生じるかが表されています。

　まず連結損益計算書に計上された「のれん償却」は連結損益計算書の「当期純利益」を同額減少させます。そして「当期純利益」が，連結株主資本等変動計算書に振り替えられることにより，「利益剰余金期末残高」を同額減少させ，これが貸借対照表上の「利益剰余金期末残高」に振り替えられます。

　結果として，のれんを償却した場合の影響は，「利益剰余金期末残

高」に集約されることになります。そして当期（前期）の「利益剰余金**期末**残高」は次期（当期）の「利益剰余金**期首**残高」になります。つまり前期の損益項目の影響はすべて「利益剰余金**期首**残高」に集約されているというわけです。

　結果として，前期以前の連結消去仕訳のうち損益項目については，すべて「利益剰余金**期首**残高」に集約して考える必要があるのです。

　 解答 の開始仕訳を具体的に説明しますと，「利益剰余金期首残高」の部分は，前期（×３年３月期）に行われたのれんの償却に関するものです。前期に行われた「のれん」の償却の仕訳のうち，「のれん償却」は損益項目ですから，これを「利益剰余金期首残高」に集約して処理しなければなりません。そして，その仕訳と『(2) のれん』の仕訳をまとめたものが 解答 の開始仕訳となっているのです（単位：円）。

| （借）資　本　金 | 3,000 | （貸）子会社株式 | 3,500 |
| の　れ　ん | 500 | | |

| （借）利 益 剰 余 金
期 首 残 高 | 100 | （貸）の　れ　ん | 100 |

↓　　　まとめて

解答

2. 持分変動取引の連結処理

(1) 利益剰余金増加の処理

　前項『1. 資本取引の連結処理』では，株式取得時の仕訳について説明してきましたが，ここでは株式取得後の処理について見ていきます。

　子会社は親会社が株式を取得した後，その営業活動によって利益を獲得し又は損失を被ります。それは，子会社の資本勘定における利益剰余金の増減という形で認識されます。親会社が子会社を支配下におくのは子会社の活動を通じて連結グループ全体として利益を得るためですから，連結グループ全体の財政状態及び経営成績を表示することを目的とする連結財務諸表には，この利益剰余金の増減を適切に反映させる必要があります。

　利益剰余金の増減は，親会社の子会社に対する持分の増減と親会社以外の非支配株主の持分の増減とに分離されます。これは資本取引の連結処理と全く同じです。このため親会社の持分に対応する部分を連結財務諸表上も利益剰余金の増減として処理すると共に，非支配株主の持分に対応する部分を「非支配株主持分」に振り替える処理が必要となります。

例 題

〔資 料〕

P社が投資を検討しているS社の資本勘定の推移は以下のとおりである。なおS社は利益処分を行っていない（単位：円）。

	資 本 金	利益剰余金
×2年3月31日	10,000	5,000
×3年3月31日	10,000	6,000
×4年3月31日	10,000	8,000
×5年3月31日	10,000	9,000

設問1

P社は×2年3月31日にS社株式の80%を15,000円で取得した。当期は×3年3月期であるとして，当期の連結仕訳を示しなさい。なお，投資消去差額はのれんとして，発生年度の翌年から5年間で均等償却を行うものとする（のれんの処理は以下同様）。

設問2

P社は×2年3月31日にS社株式の80%を15,000円で取得した。当期は×4年3月期であるとして，当期の連結仕訳を示しなさい。

解 答

(単位：円)

設問 1

<開始仕訳>

(借)	資 本 金	10,000	(貸)	S 社 株 式	15,000
	利益剰余金 期 首 残 高	5,000		非支配株主持分	3,000
	の れ ん	3,000			

＊非支配株主持分：(10,000＋5,000) ×0.2＝3,000

＊の れ ん：15,000－(10,000＋5,000) ×0.8＝3,000

<当期純利益の非支配株主への振り替え>

| (借) | 非支配株主に 帰属する当期 純 利 益 | 200 | (貸) | 非支配株主持分 | 200 |

＊非支配株主に帰属 する当期純利益：(6,000－5,000)×0.2＝200

<のれんの当期償却>

| (借) | のれん償却 | 600 | (貸) | の れ ん | 600 |

＊の れ ん 償 却：3,000÷5年＝600

まとめて

（借）資　本　金	10,000	（貸）S 社 株 式	15,000
利益剰余金 期 首 残 高	5,000	非支配株主持分	3,000
の　れ　ん	3,000		
（借）非支配株主に 帰属する当期 純 利 益	200	（貸）非支配株主持分	200
（借）の れ ん 償 却	600	（貸）の　れ　ん	600

設問2

（借）資　本　金	10,000	（貸）S 社 株 式	15,000
利益剰余金 期 首 残 高	5,800	非支配株主持分	3,200
の　れ　ん	2,400		
（借）非支配株主に 帰属する当期 純 利 益	400	（貸）非支配株主持分	400
（借）の れ ん 償 却	600	（貸）の　れ　ん	600

＊非支配株主持分：（10,000＋6,000）×0.2＝3,200

＊利益剰余金期首残高：5,000＋（6,000－5,000）×0.2＋3,000

$$×\frac{1}{5}＝5,800$$

＊の　れ　ん：$3,000×\frac{4}{5}＝2,400$

＊非支配株主に帰属する当期純利益：（8,000－6,000）×0.2＝400

＊のれん償却：3,000÷5年＝600

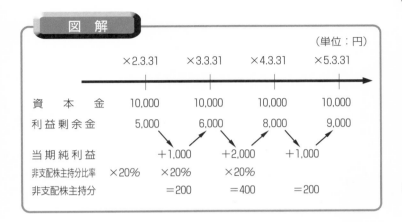

（単位：円）

	×2.3.31	×3.3.31	×4.3.31	×5.3.31
資　本　金	10,000	10,000	10,000	10,000
利 益 剰 余 金	5,000	6,000	8,000	9,000
当 期 純 利 益		＋1,000	＋2,000	＋1,000
非支配株主持分比率	×20%	×20%	×20%	
非支配株主持分		＝200	＝400	＝200

解　説

　持分の変動についての仕訳を考える場合に思い出していただきたいのは，連結決算の手続において，まず親会社の財務諸表と子会社の財務諸表が単純合算されていることです。つまり，親会社の持分だけでなく非支配株主の持分までも，いったん合算してしまうのです。この単純合算の結果，非支配株主持分に対する振り替え処理を行うことのみで，適正な連結財務諸表を作成することができるのです。それでは，そのことをみていきましょう。

　まず，当期純利益の非支配株主への振替仕訳では，借方「非支配株主に帰属する当期純利益」を用いて，非支配株主持分に利益が振り替えられます。この「非支配株主に帰属する当期純利益」を損益計算書に計上し，連結財務諸表上の当期純利益を減少させます。それは裏を返せば，親会社の持分に対応する利益剰余金の上昇分だけ

連結財務諸表上の当期純利益に計上させることに他なりません。そして当期純利益は株主資本等変動計算書を通じて貸借対照表の「利益剰余金」に計上されるのです（連結財務諸表間の関係については，『実践編1. 資本取引の連結処理 (5)利益剰余金期首残高』（☞ P. 65）参照）。

このように非支配株主持分に対する振替処理を行うことによって，親会社持分のみが計上されるのです。

参　考

何度も取り上げていますが，連結消去仕訳を考えるに当たって重要なことは，連結手続が常に**単純合算**から始まるということです。

誤解を恐れずに言ってしまえば，連結消去仕訳とは，**単純合算財務諸表**から企業グループ全体の財務諸表として計上すべきでないものを削除するための仕訳であると言えます。

言い換えれば，消去されずに残った金額は，連結グループ全体の財務諸表として必要な金額だけだということです。

したがって，連結消去仕訳の意味を理解するためには，その仕訳により消去される金額だけでなく，仕訳の結果として財務諸表に残る金額に対する理解が必要なのです。

(2) 利益剰余金の処分に関する処理 (受取配当金)

　子会社は，利益を獲得すればそれを親会社・非支配株主に配当といった利益剰余金の処分をすることになります。利益剰余金の処分は，利益の社外への配分ですから持分の減少をもたらします。この持分の減少を親会社・非支配株主に負担させる仕訳が利益剰余金の処分に関する連結処理になります。

　また，親会社が子会社から受け取る配当金は，連結グループ内の取引となりますので，存在しないものとして消去します。

例 題

　S社はP社の子会社であり，P社はS社株式の60%を保有している。S社は，利益剰余金の利益処分として1,000円を株主に配当し，100円を利益準備金に繰入れた。そこで当期（×3年3月期）の連結仕訳を示しなさい。

解 答

(単位：円)

＜現金流出分の非支配株主への振替（利益剰余金減少分の振替）＞

(借) 非支配株主持分　　400　　(貸) 配　当　金　　400

＊配　当　金：1,000×0.4＝400

＜利益準備金繰入の非支配株主への振替（利益剰余金増加分の振替）＞

(仕訳なし)

2 持分変動取引の連結処理

<配当金受払いの相殺>

(借)受取配当金 600 (貸)配 当 金 600

＊受取配当金：1,000×0.6＝600

図 解

(単位：円)

剰余金の処分の内訳	S社資本勘定	
	親会社持分60%	非支配株主持分40%
配 当 金（△剰余金）	（a） 600	（b） 400
利益準備金への振替（繰入）（△剰余金）	（c） 60	（d） 40
利益準備金の増加（＋剰余金）	（e） 60	（f） 40

解 説

(単位：円)

まず親会社持分について考えてみましょう。

利益剰余金の処分のうち親会社持分については，連結グループが行った利益剰余金の処分として連結財務諸表上も計上されるべき金額ですから，第1段階として（a）（c）（e）については，修正消去する必要はないと判断します（ただし，最終的に（a）は親会社を相手にする取引なので消去されてしまいます）。

次に非支配株主持分についてですが，こちらについては連結財務諸表作成上，単純合算財務諸表から消去する必要があります。

まず非支配株主持分に関する利益剰余金の配当（b）について見てみましょう。

　利益剰余金の配当は，連結グループ外部へ資金が流出しますので，非支配株主にとって持分の減少を意味します。したがって，「非支配株主持分」を相当額減少させると共に，連結株主資本等変動計算書における「配当金」を同額減少させます。

　このことにより，親会社持分に関する配当金だけが残ることになります。結局，親会社に対する配当金は下記のとおり相殺されますので，連結株主資本等変動計算書には子会社の配当は反映されません。非支配株主持分に関する配当金は，直接「非支配株主持分」を減額して消去します。

　次に利益準備金への繰入についてみてみましょう。

　利益準備金への繰入は，子会社の個別財務諸表上は次のように処理されています（以下の仕訳は親会社持分含む）。

| （借）繰越利益剰余金 | 100 | （貸）利 益 準 備 金 | 100 |

のですが，「繰越利益剰余金」は連結財務諸表上「利益剰余金」に集約されますので，利益準備金の繰入は連結財務諸表上単なる利益剰余金内部での振り替えとして扱われます。つまり上記の仕訳は連結上次のようになり，修正消去仕訳は不要ということになるのです。

| （借）利 益 剰 余 金 | 100 | （貸）利 益 剰 余 金 | 100 |

↓　まとめて

仕訳なし

最後に親会社に対してなされた利益配当について相殺消去する必要があります。配当がなされたときのP社・S社の仕訳は次のようになります。

P社：（借）現金預金	600	（貸）受取配当金	600
S社：（借）配当金	600	（貸）現金預金	600
（剰余金）			

この時行われた現金の移動は連結グループ内における資金の移動として，『1. 資本取引の連結処理』と同じように，消去する必要があります。そこで，上記の仕訳の反対仕訳が行われるのです。

参 考

利益剰余金の処分の取扱いについて

利益剰余金の処分の連結処理について，いつの剰余金の処分の数値を利用するかという問題があります。これには，連結会計年度ですでに確定している剰余金の処分を基礎とする方法と，連結会計年度の損益に対する処分を基礎とする方法の2つがあります。前者を確定方式といい，後者を繰上方式といいます。我が国では，会社法の規定により，株主総会の承認により剰余金の処分が確定するということもあって，確定方式を採用している企業が圧倒的に多くなっています。

（3）子会社株式の追加取得

　親会社が子会社の支配権を獲得した後で，さらに子会社の経営支配を推進したい場合などに，子会社の株式を追加して取得することが考えられます。

　親会社が子会社の株式を追加取得しますと，子会社資本に対する親会社持分が増加し，結果として非支配株主持分が減少します。

　言い換えれば，非支配株主持分から親会社持分への振り替えが発生したということです。

　また，追加取得による非支配株主持分の減少分と追加投資額との差額は資本剰余金とし，資本剰余金がマイナス（貸方残高）となる場合はマイナス分を利益剰余金から減額します。

　なお本書では，子会社株式の取得日と子会社の決算日が一致するケースだけを取りあげていますが，現実的にはこのようなケースばかりであるとは限りません。原則として，子会社株式の取得日の資本勘定を基礎として，連結処理する必要があります。

　が，子会社株式の取得日と子会社の決算日が一致しないケースでは，処理の便宜上，子会社株式の取得日の前後いずれか近い決算日に，子会社株式を取得したとみなして連結処理することも認められています。

例 題

〔資 料〕

S社の資本勘定の推移及びP社によるS社株式の取得状況は，以下のとおりである（単位：円）。

		S社の状況			S社の資本勘定の内訳	
		資産	負債	資本	資本金	利益剰余金
×2.3.31	簿価	20,000	4,000	16,000	10,000	6,000
	時価	22,000	5,000	17,000	—	—
×3.3.31	簿価	21,000	3,500	17,500	10,000	7,500
	時価	23,000	5,000	18,000	—	—

株式の取得状況

	取得日	取得割合	取得価額
第1回（初回）	×2.3.31	60%	9,500
第2回（追加）	×3.3.31	10%	1,900

設問

全面時価評価法により，×3年3月期の連結仕訳を示しなさい。なお投資消去差額はのれんとし，発生年度の翌年から5年間で均等償却を行うものとする。

郵 便 は が き

161－8780

東京都新宿区下落合2-5-13

㈱ 税務経理協会

社長室行

料金受取人払郵便

落合局承認

4248

差出有効期間
2021年1月31日
期限後は切手を
おはりください

|||lı|l||ı||l||ı|||ıı|l||ı|l||||ı|l||ı|l||ı|l||ı|ı||ı||l|ıı|||l|

	フリガナ		性別	男 ・ 女
お名前			年齢	歳

ご住所	□□□-□□□□ TEL （ ）

E-mail	
ご職業	1．会社経営者・役員　2．会社員　3．教員　4．公務員 5．自営業　6．自由業　7．学生　8．主婦　9．無職 10．公認会計士　11．税理士　12．行政書士　13．弁護士 14．社労士　15．その他（ ）
ご勤務先・学校名	
部署	役職

ご記入の感想等は，匿名で書籍のＰＲ等に使用させていただくことがございます。
使用許可をいただけない場合は，右の□内にレをご記入ください。　　□許可しない

ご購入ありがとうございました。ぜひ、ご意見・ご感想などをお聞かせください
また、正誤表やリコール情報等をお送りさせて頂く場合もございますので、
E-mail アドレスとご購入書名をご記入ください。

この本の タイトル	

Q1　お買い上げ日　　　　　年　　　　月　　　　日
　　　| ご購入
方法 |　1．書店・ネット書店で購入（書店名　　　　　　　　　　）
　　　　　　　　　　　2．当社から直接購入　　3．その他（　　　　　　　　　）

Q2　本書のご購入になった動機はなんですか？（複数回答可）
　　　1．タイトルにひかれたから　　　　　　2．内容にひかれたから
　　　3．店頭で目立っていたから　　　　4．著者のファンだから
　　　5．新聞・雑誌で紹介されていたから（誌名　　　　　　　　　　　）
　　　6．人から薦められたから　　7．その他（　　　　　　　　　　　）

Q3　本書をお読み頂いてのご意見・ご感想をお聞かせください。

Q4　ご興味のある分野をお聞かせください。
　　　1．税務　　　　　　　2．会計・経理　　　　　3．経営・マーケティング
　　　4．経済・金融　　　5．株式・資産運用　　　6．法律・法務
　　　7．情報・コンピュータ　　8．その他（　　　　　　　　　　　　　）

Q5　カバーやデザイン、値段についてお聞かせください
　　　①タイトル　　　　　　1良い　　2目立つ　　3普通　　4悪い
　　　②カバーデザイン　　1良い　　2目立つ　　3普通　　4悪い
　　　③本文レイアウト　　1良い　　2目立つ　　3普通　　4悪い
　　　④値段　　　　　　　　1安い　　2普通　　3高い

Q6　今後、どのようなテーマ・内容の本をお読みになりたいですか？

解　答

（単位：円）

設問

1. 第1回取得分の連結仕訳

＜評価差額の認識＞

（借）資　　　産　2,000　　（貸）負　　　債　1,000
　　　　　　　　　　　　　　　　　評 価 差 額　1,000

　　＊資　　産：22,000－20,000＝2,000
　　＊負　　債：5,000　－4,000＝1,000

＜開始仕訳＞

（借）資 本 金　10,000　　（貸）S 社 株 式　9,500
　　　利益剰余金
　　　期 首 残 高　6,000　　　　　非支配株主持分　6,800
　　　評 価 差 額　1,000　　　　　負ののれん
　　　　　　　　　　　　　　　　　発 生 益　　700

　　＊非支配株主持分：17,000×0.4＝6,800
　　＊負ののれん発生益：9,500－17,000×0.6＝△700（貸方）

＜取得後増加剰余金の少数株主への振替＞

（借）非支配株主に
　　　帰属する当期　600　　（貸）非支配株主持分　600
　　　純 利 益

　　＊非支配株主に帰属する当期純利益：(7,500－6,000)×0.4＝600

2．第2回取得分の連結仕訳

＜評価差額の認識＞

実施しない。

＜相殺消去仕訳＞

（借）非支配株主持分　1,850　（貸）S 社 株 式　1,900
　　　利 益 剰 余 金　　　50

＊非支配株主持分：(17,000＋1,500)×0.1＝1,850

（注）1,500＝7,500－6,000

＊利益余剰金：1,900－(17,000＋1,500)×0.1＝＋50（借方残）
　本来は資本余剰金となるが資本余剰金の残高が無いため
　利益余剰金の減額とする。

以上をまとめると，

↓

（借）資　　　　　産	2,000	（貸）負　　　　　債	1,000
資　本　金	10,000	S 社 株 式	11,400
利益剰余金 期首残高	6,000	非支配株主持分	5,550
非支配株主に 帰属する当期純利益	600	負ののれん 発 生 益	700
利 益 剰 余 金	50		

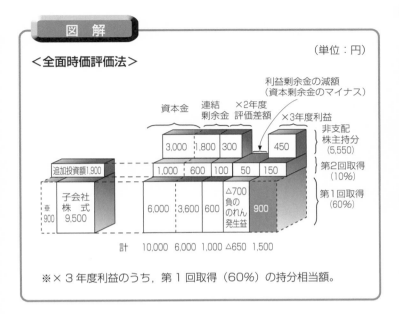

図 解

＜全面時価評価法＞

（単位：円）

※×３年度利益のうち，第１回取得（60％）の持分相当額。

解 説

〔1〕 図解 の見方

図解 の左側で上段のボックスが追加取得した子会社株式を表しています。このボックスが左にはみ出しているのは，１回目の株式取得から２回目の取得までの間（×３年度中）に，子会社が獲得した利益の分だけ，子会社株式に対応する子会社資本が増加したためです。つまり×２年度から×３年度までに，子会社の剰余金が6,000円から7,500円に1,500円増加していますが，図解 ではその分だけ左につけ加えています。また，一番右端にはそれに見合う子会社の資本増加を，×３年度利益としてボックスを設けてあります。

〔2〕全面時価評価法

全面時価評価法をみてみましょう。

この方法では，支配権獲得時（第1回取得）以降，評価差額を認識することはありません。したがって，支配権獲得時に認識された評価差額を基礎に相殺消去仕訳がなされることになります。

まず，支配権獲得時に時価で評価された「非支配株主持分」を基礎に，支配権獲得時以降，非支配株主が獲得した増加剰余金を考慮して非支配株主持分の減少分を計算します。そして，これと親会社の「S社株式」とを相殺消去するのです。注意していただきたいのは，この時「資本（評価差額）」は消去しないということです。なぜなら「資本（評価差額）」は，すでに**開始仕訳（支配権獲得時の仕訳）**で消去されているからです（『実践編1．資本取引の連結処理（4）部分時価評価法と全面時価評価法』（☞ P.58）参照）。

参　考

子会社株式を取得した場合，**投資と資本**を相殺消去するのではないのか？　という疑問をもたれる方もいらっしゃると思います。

しかし，投資と相殺消去されるべき資本はすでに**開始仕訳**において消去されています。

では消去された資本は何処にいったのでしょうか？

それは「非支配株主持分」です（『実践編1．資本取引の連結処理（3）非支配株主持分』（☞ P.55）参照）。ですから「非支配株主持分」と「子会社株式」を相殺消去することで，**投資と資本の相殺消去**が完成するのです。

連結仕訳を考える場合，このように先になされた仕訳との関係を捉えることもとても重要なポイントです。

3. 連結グループ間取引の 連結処理

（1）売上取引

　連結グループ内の各社はその役割分担の中で，連結外部の企業と取引をするだけでなく，連結グループ内部での相互取引も実施します。このようなグループ内部の相互取引は，連結グループ内部のモノと資金の移動であるため連結財務諸表で計上されるべき取引ではありません（『実践編 1．資本取引の連結処理（1）処理の意味』（☞ P.48）参照）。

　そこで，これらの連結グループ内部での取引を消去する仕訳が必要になります。ここでは特に売上取引をとりあげて仕訳を見ていきたいと思います。

例 題

　P社の100％子会社であるS社は，製造した製品のすべてをP社へ販売している。当期のS社における売上高は10,000円であった。P社ではこれをすべて当期中に販売しており，この分の売上高は15,000円であった。
　当期における必要な修正・消去仕訳を示しなさい。

3

連結グループ間取引の連結処理

解 答

（単位：円）

（借）売　上　高 10,000　　　（貸）売 上 原 価 10,000

図 解

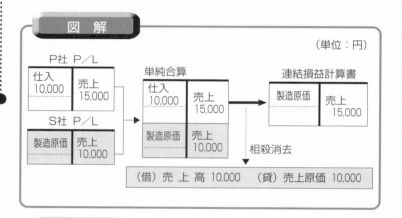

（単位：円）

解 説

　上記の 図解 を見て下さい。例題 の取引により，S 社の損益計算書の貸方に売上 10,000 円が計上されています。同時に P 社の損益計算書の借方に仕入 10,000 円が計上されています。またその後，この商品を P 社が外部に販売したことにより P 社の損益計算書の貸方に売上 15,000 円が計上されています（1 番左の上下の T 勘定を参照）。

　これら両者の取引は連結財務諸表作成のための第 1 段階で，単純合算されます（上記中央の T 勘定）。

　それでは，この単純合算された財務諸表に示される 3 つの取引（仕訳）のうち，どの取引（仕訳）が連結財務諸表に計上されるべ

きでしょうか？

それはＰ社の外部売上高 15,000 円だけです。なぜなら，この取引は連結グループから外部への売上であり，連結グループの取引として連結財務諸表に計上されるべきだからです。

残りの２つの金額はどうでしょうか？

Ｓ社の売上 10,000 円とＰ社の仕入 10,000 円は共に連結グループ内部での商品の移動であり，連結グループの取引として認識すべきではありません。

そこで，このＳ社の売上 10,000 円とＰ社の仕入 10,000 円を消去するための仕訳として，**解答** の仕訳が行われ，その結果，連結損益計算書には，Ｐ社の外部売上高 15,000 円だけが計上されることになるのです（表面にはでてきていませんが，Ｓ社の製造原価は消去していませんので，そのまま連結損益計算書に計上されることになります）。

なお，Ｐ社の仕入分は，連結損益計算書上は，売上原価として表現されているため，消去仕訳としては「売上原価」を使用しています。

参 考

あってはならないことですが，かつて子会社を利用した利益の捻出ということがありました。いわゆる押し込み販売による粉飾決算です。しかし連結財務諸表の作成が義務づけられると，こうした連結グループ内部の取引は **例題** のように（ **例題** では，子会社が親会社に商品を売却していますが），相殺消去されてしまいます。その結果，連結会計上は，押し込み販売自体が計上されないため，利益の捻出も意味のないことになりました。

（2）その他の取引

『（1）売上取引』では，親子会社間における物品の売買取引に係る相殺消去仕訳を学習しました。しかし，親子会社間取引はそれだけではありません。親会社が子会社に資金を貸し付けたり，子会社が親会社に建物を賃貸したりといった，親会社・子会社にとって販売取引以外の経費などに関する取引についても，連結グループ内部の用役（サービス）の授受として，消去する必要があるのです。

例　題

　P社の100％子会社であるS社は，当期首（×1年度期首）からP社に建物を年間3,000円で賃貸している。そこで，当期（×1.12.31）における必要な修正・消去仕訳を示しなさい。なお，P社は賃料を現金で全額払い込み済である。

解　答

(単位：円)

(借) 受 取 賃 料　3,000　　(貸) 支 払 賃 料　3,000

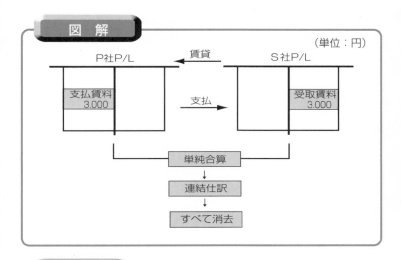

図 解

(単位：円)

解 説

(単位：円)

　まず，当該賃貸借取引に係るP社の仕訳と，S社の仕訳を個別的にみてみましょう。

P社：(借) 支払賃借料　3,000　(貸) 現 金 預 金　3,000
S社：(借) 現 金 預 金　3,000　(貸) 受取賃貸料　3,000

　これらは連結財務諸表上，すべて計上されるべきでない取引です。なぜなら当該賃貸借取引は，連結グループ内部の用役（サービス）の授受であり，かつ内部での資金の移動にすぎないからです。

　そこで，**解答** の仕訳が行われます（「現金預金」については単純合算することで，P社・S社間で相殺消去されます）。

　ここで，S社が不動産会社であり，賃貸料収入を売上高に計上していたらどうなるでしょうか。この場合も，上記と同じ考え方で，次のような連結消去仕訳を実施すればよいことになります。

（借）売　上　高　3,000　　（貸）支　払　賃　料　3,000

連結グループ間取引の相殺消去のポイントについては，次の **参考** で理解して下さい。

参　考

　連結会社間の取引に関する相殺消去仕訳を考える場合，個別財務諸表ではどのような仕訳がなされているか，その結果として単純に合算された財務諸表はどのような状態になっているのかをまず理解することが重要です。次に，連結グループとしてみたときにどのような取引がなされているのか，またどの取引がグループ内の取引なのか（相殺消去の対象）を丁寧に追っていくことが連結仕訳理解の最大のポイントといえます。

　というのも，個別財務諸表上の取引が，連結財務諸表上消去されるのは，両財務諸表において，作成の基準となる**範囲**が異なることになるからです。

　つまり，個別財務諸表の**範囲**は個別企業であるのに対して，連結財務諸表の**範囲**は連結グループになるからです。言い換えれば，連結グループを１つの**企業**とみなして，財務諸表を作成しているということになります。

　したがって，個別財務諸表（個別企業とその他の企業との取引の結果について報告することを目的としている）で計上されるべき取引であっても，連結財務諸表（連結グループとその他の企業の取引の結果を報告することを目的としている）では，**企業**内部の取引として，相殺消去されることがあることを理解するのが重要なポイントです。

（3）債権債務の相殺

　親会社と子会社の間で何らかの取引が行われ，即時現金決済をしない限り，親子会社間に債権債務が発生します。この債権債務は連結グループ内部で発生したものであり，連結グループ外部に対しての債権債務でない以上，連結財務諸表に計上すべきではありません。そこで，連結財務諸表作成上，これを相殺消去することになります。

　さらに貸付金・借入金などの場合，当該資金の提供役務（サービス）に対する対価として，利息が発生します（借り手側には「支払利息」，貸し手側には「受取利息」）。利息は貸付（借入）金額に対する利回りという形で計算されます。

　したがって，上記の相殺消去仕訳により，その利息計算の基準となる貸付（借入）金額に変動が生じれば，それに応じて利息についても修正する仕訳が必要になります。

　また，売掛金・受取手形などの売上債権や，貸付金などのその他の債権について，貸倒引当金を設定することがあります。この貸倒引当金は，個別財務諸表上の債権残高を基準として設定されています（債権残高に対して，数パーセントという比率で設定されていることが多い）。

　債権債務の相殺消去仕訳の結果，個別財務諸表上の債権残高と連結財務諸表上の債権残高が異なることとなった場合，この差額に応じて貸倒引当金の金額も調整する必要があります。

●連結会社間相互取引とそれに関する債権債務の消去

収益・費用

・**営業取引**
　売上 ⟷ 売上原価

・**営業外取引**
　財務収益 ⟷ 財務費用
　特別利益 ⟷ 特別損失

債権・債務

・**営業取引**
　売掛金 ⟷ 買掛金
　受取手形 ⟷ 支払手形
・**営業外取引**
　貸付金 ⟷ 借入金
　前受収益 ⟷ 前払費用
　未収収益 ⟷ 未払費用

例題1

　P社の100%子会社であるS社は，当期首にP社より10,000円の借入を行った。当該借入に係わる利息の支払いは年2回（6月及び12月末日）で，利率は年5%である。S社及びP社ともに発生主義により必要な仕訳を行っている。また，S社及びP社ともに3月決算である。なお，借入の返済は来期より始まるものとする。

　そこで，当期における必要な修正・消去仕訳を示しなさい。

解答

(単位：円)

─<資金の貸借の相殺消去仕訳>─────────
(借) 借　入　金 10,000　　(貸) 貸　付　金 10,000

<財務損益の相殺消去仕訳>

（借）受 取 利 息　　500　　（貸）支 払 利 息　　500

＊受取利息：10,000 × 0.05 = 500

<経過勘定の相殺消去仕訳>

（借）未 払 利 息　　125　　（貸）未 収 利 息　　125

＊未収収益：10,000 × 0.05 × $\dfrac{3 ヶ月（1月～3月）}{12 ヶ月}$ 125

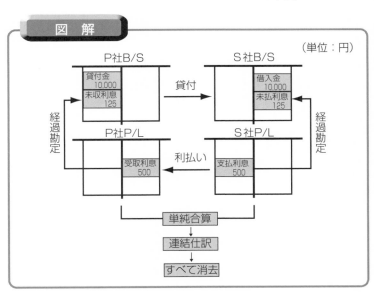

図 解

（単位：円）

単純合算
↓
連結仕訳
↓
すべて消去

解 説

　連結財務諸表に計上されるべき債権債務は，連結グループ外部の企業に対する債権債務です。なぜなら連結内部の資金の貸借は，連結グループの内部での資金の移動にすぎず，これは連結財務諸表上，

計上すべきではない取引だからです。そこで，まずP社の「貸付金」とS社の「借入金」を相殺消去します。

次に，個別財務諸表に計上されている当該資金の貸借に係る**利息**の計上は，連結財務諸表上では，その原因たる「貸付金」，「借入金」の消滅により不要となるため，P社の「受取利息」とS社の「支払利息」も相殺消去されることになります。

また利息に未収・未払が存在する場合には，個別財務諸表上，経過勘定項目として「未収利息」，「未払利息」の計上がなされます。

しかしこれも，**利息**同様に「貸付金」，「借入金」を基礎として計上されているものですから，「貸付金」，「借入金」の消滅により不要となるため，相殺消去されることになります。

結果として，P社・S社の個別財務諸表に存在した両社間のすべての債権債務が，相殺消去されることになります。

例題2

P社の100%子会社であるS社は，製造した製品のすべてをP社へ販売している。S社のP社に対する当期売上高は10,000円であった。P社の連結グループ外部への当期売上高は15,000円であり，それはすべて当期にS社から仕入れたものである。また，S社における期末売掛金残高は800円であり，前期期末売掛金残高は600円であった。なお，S社では期末債権に対して3%の貸倒引当金を差額補充法により設定している。

そこで，当期における必要な修正・消去仕訳を示しなさい。

解　答

(単位：円)

<取引高の相殺消去仕訳>

（借）売　上　高 10,000　　（貸）売 上 原 価 10,000

<債権債務の相殺消去仕訳>

（借）買　掛　金　800　　（貸）売　掛　金　800

<貸倒引当金の修正仕訳>

（借）貸 倒 引 当 金　24　　（貸）利 益 剰 余 金
期 首 残 高　18

貸倒引当金繰入額　6

図　解

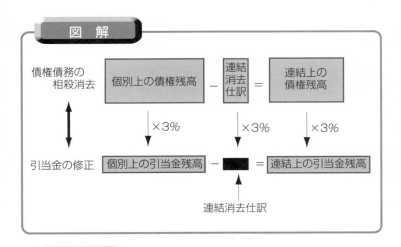

解　説

例題2 では，売上取引により発生した，債権債務の相殺消去

を取り上げています（売上取引の相殺消去については，『実践編 3. 連結グループ間取引の連結処理（1）売上取引』（☞ P.**85**）参照）。

　この売上取引により，S 社には「売掛金」が計上され，P 社には「買掛金」が計上されることになります。 **例題 1** のところでも述べましたが，連結財務諸表に計上されるべき債権債務は，連結グループ外部の企業に対する債権債務です。したがって，連結グループ内の債権債務は，資金の貸借同様に内部取引として相殺消去する必要があります。

　また **例題 2** では，S 社の「売掛金」に対して貸倒引当金が設定されています。貸倒引当金は，売掛金の金額を基準に設定されているものです。したがって，「売掛金」が消去されたことにより，貸倒引当金の基礎が無くなるわけですから，その分を消去する必要があります。

　まずは理解のために，S 社において行われた貸倒引当金に係る個別上の仕訳を考えてみましょう（単位：円）。

| 前期末以前：（借）貸倒引当金繰入額 | 18 | （貸）貸倒引当金 | 18 |
| 当　期　末：（借）貸倒引当金繰入額 | 6 | （貸）貸倒引当金 | 6 |

＊貸倒引当金繰入額：$(800-600) \times 3\% = 6$

　連結消去仕訳は，基本的には上記の仕訳を消去するものになります（逆仕訳）。

| （借）貸 倒 引 当 金 | 24 | （貸）利益剰余金期首残高 | 18 |
| | | 貸倒引当金繰入額 | 6 |

　ここで各仕訳の貸方の「利益剰余金期首残高」に注目して下さい。なぜ「貸倒引当金繰入額」ではないのでしょうか？

　これは連結財務諸表の構造に由来します。連結財務諸表上，過年度の損益項目はすべて「利益剰余金期首残高」に集約されます。

　したがって，前期末に計上されている「貸倒引当金繰入額」は，当期の連結仕訳で「利益剰余金期首残高」として処理されるのです（『実践編 1．資本取引の連結処理（5）利益剰余金期首残高』(☞ P. 65) 参照)。

4. 未実現損益の連結処理

（1）未実現損益ってなに？

　親会社・子会社間で取引を行った場合に，そこで生じた利益は連結財務諸表上認識すべき実現利益ではありません。

　この利益は個別財務諸表上は，個々の企業から企業外部への売上であることから，他の取引先への売上と同様に，実現利益として処理されます。なぜなら個別財務諸表ベースでは，子会社からみると他の会社と同様，親会社であっても企業外部の第三者として捉えられるからです。

　しかし，全く同じ利益であっても，連結財務諸表上は，未実現利益として相殺消去の対象にする必要があるのです。なぜなら，連結財務諸表上，この利益は連結グループ内部の取引により発生したものであり，連結グループ外部への売上による実現利益とは，区別しなければならないからです。

　親子会社間の取引によって生じた利益は，いったん，未実現利益としてこれを消去し，これが連結グループ外部への売上として認識されたときに，初めて実現利益として認識する必要があるのです。連結財務諸表ベースでは，子会社という立場ではなく，連結グループという立場から考えるため，子会社も親会社も同じ連結グループ内部のものとして扱われるということです。

　いま，例えば親会社が原価80円／個の商品3個を，子会社に売価100円／個で販売しているとします。そして子会社は，そのう

ち1個を売価150円/個で親会社以外の他の会社に販売している
とします。

この時連結財務諸表上, 実現利益として認識されるべき金額は,
外部に販売された1個分の利益70円(150円-80円)です。
そして子会社に残っている2個の商品に係る親会社計上の利益40
円((100円-80円)×2個)が, 相殺消去されるべき未実現利
益となります。

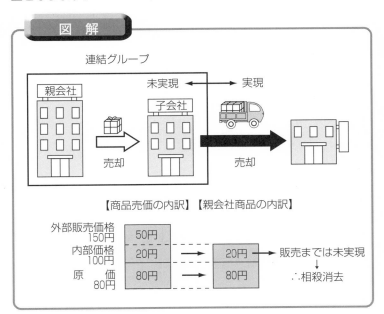

図 解

連結グループ

親会社 ──売却──▶ 子会社 ──売却──▶

未実現 ◀──── ▶ 実現

【商品売価の内訳】【親会社商品の内訳】

外部販売価格 150円	50円	
内部価格 100円	20円 →	20円 → 販売までは未実現
原 価 80円	80円 →	80円 ∴相殺消去

参 考

上記で取り上げたのは, 未実現利益が生じている場合ですが, 未
実現損失が発生することもあります。しかしその処理の考え方は未
実現利益の場合と同様です(具体的には, **未実現損失**を消去すると

共に,「商品」をその分だけ増加させます。仕訳は,未実現利益の場合と逆になります)。

　ただし,保守主義の観点から,未実現損失のうち回収不能と見込まれるものについては,消去する必要はないとされています。

（2）未実現損益の処理方法

〔1〕未実現損益の処理方法について

未実現損益の処理方法には，以下の2つがあります。

その1つは**全額消去・親会社負担方式**と呼ばれる方法です。この方法は，未実現利益をすべて消去し，かつその消去利益をすべて親会社の持分に負担させる方法です。もう1つは，**全額消去・持分按分方式**と呼ばれる方法です。

この方法は，未実現損益を全額消去しますが，その消去利益を，親会社の持分と非支配株主持分に，それぞれの持分比率に応じて負担させる方法です。そして非支配株主持分へは，「非支配株主に帰属する当期純利益」あるいは「利益剰余金期首残高」を通じて負担させます。

〔2〕未実現損益の発生ケースと処理方法について

また未実現損益が生じるケースとして，3つのケースが考えられます。

第1のケースは，**ダウンストリーム**と呼ばれるもので，親会社が子会社に資産を売却することにより，親会社に利益が発生し，この資産が子会社に存在するケースです。第2のケースは，**アップストリーム**と呼ばれるもので，子会社が親会社に資産を売却することにより，子会社に利益が発生し，この資産が親会社に存在するケースです。第3のケースは，子会社相互間の取引のケースです。

未実現損益を消去する場合にどの処理方法を採用するかは，未実現損益がどのようなケースから生じたかによります。

　第１のケースに該当する場合，全額消去・親会社負担方式で処理します。第２のケースと第３のケースに該当する場合には，全額消去・持分按分方式で処理します。

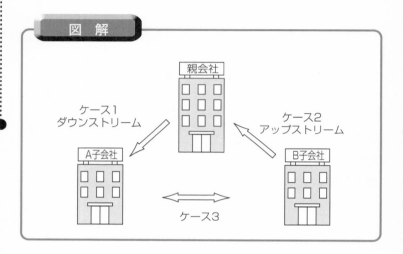

図　解

(3) 棚卸資産

『(1) 未実現損益ってなに？』『(2) 未実現損益の処理方法』では、抽象的な話をしてきましたが、ここからは具体的な連結処理をみていこうと思います。

商品（棚卸資産）の売買を親子会社間で行い、その商品が親子会社のいずれか（連結グループ内）に在庫として存在する場合には、その商品に係る内部損益を消去しなければなりません。なぜなら、これらの内部損益は、連結財務諸表上計上されるべき**実現損益**ではなく、**未実現損益**だからです（『(1) 未実現損益ってなに？』(☞P. 98) 参照）。

例題 1　　ダウンストリーム

設問 1

　P社（親会社）は、連結グループ外部の仕入先より商品を100円で仕入れ、その全部を120円でS社（子会社）へ販売した。S社ではこのうち半分を66円で連結グループ外部の得意先へ販売した。なお、S社においてP社から仕入れた商品の期首在庫はなかった。そこで当期に必要な連結仕訳を示しなさい。

設問 2

　上記 設問 1 において、S社でP社から仕入れた商品の期首在庫が48円であった場合の、当期に必要な連結仕訳を示しなさい。

　なお、P社・S社における利益率は前期も当期と同じである。

解 答

(単位：円)

ダウンストリーム

設問1

<親子間取引の相殺消去仕訳>

(借) 売 上 高　　120　　(貸) 売 上 原 価　　120

<未実現利益の消去仕訳>

(借) 売 上 原 価　　10　　(貸) 商　　　品　　10

＊売上原価：$120 \times \frac{1}{2} - 100 \times \frac{1}{2} = 10$

設問2

<親子間取引の相殺消去仕訳>

(借) 売 上 高　　120　　(貸) 売 上 原 価　　120

<当期の未実現利益の消去仕訳>

(借) 売 上 原 価　　10　　(貸) 商　　　品　　10

<前期の未実現利益の戻し>

(借) 利 益 剰 余 金
期 首 残 高　　8　　(貸) 売 上 原 価　　8

＊利益剰余金期首残高：$48 - 48 \times \frac{100}{120} = 8$

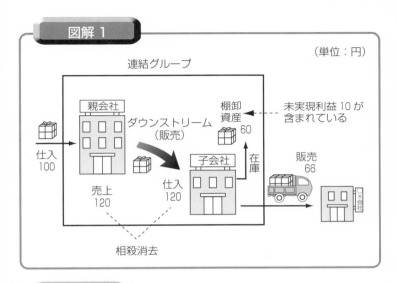

図解 1

（単位：円）

連結グループ

親会社

ダウンストリーム
（販売）

棚卸
資産
60 ← 未実現利益 10 が
含まれている

仕入
100

売上
120

仕入
120

子会社

在庫

販売
66

相殺消去

解　説

（単位：円）

設問 1 について 図解 1 を見て下さい。商品の流れが具体
的に示されています。

〔1〕 親子間取引の相殺消去

まず 図解 1 の親会社・子会社間の内部取引（太い矢印）を相
殺消去する必要があります（詳しくは『実践編 3. 連結グループ間
取引の連結処理 （1)売上取引』（☞P.**85**）参照）。

〔2〕 未実現利益の消去

次に 図解 1 の子会社にある棚卸資産に含まれる未実現利益を
消去します。本問の取引はダウンストリームですから，未実現利益
の消去は，**全額消去・親会社負担方式**で処理することになります

（『（2）未実現損益の処理方法』（☞P.101）参照）。子会社が期末に保有する棚卸資産 60 は，連結グループ外部からは 50 で仕入れたものです（60 × 100/120 ＝ 50）。つまり子会社の「商品」として計上されている金額の中に，親会社で認識している利益 10 が含まれています。したがって，連結手続において，この部分を消去しなければならないのです。また，取引の相殺消去の「売上原価」の中には，この利益部分が含まれています。つまり結果として消去しすぎになっているのです。したがって，未実現利益の消去仕訳の借方は，「売上原価」として，消去しすぎを修正するのです。

[設問2] では，当期の未実現利益にくわえて，前期の未実現利益を消去する仕訳が必要となります（内部取引・当期分の未実現利益の処理については [設問1] と同様です）。

前期未実現利益の処理

前期の未実現利益の影響は，当期の単純合算財務諸表上「利益剰余金期首残高」にあらわれています（『実践編 1. 資本取引の連結処理（5）利益剰余金期首残高』（☞P.65）参照）。したがって，当期においては次のような仕訳が必要になります。

（借）利 益 剰 余 金 期 首 残 高	8	（貸）商　　　　品	8

つぎに，当該商品が連結グループ外部に販売されたことにより，前期の**未実現利益**が当期の**実現利益**になりますので，上記の「商品」の減額を取り消すとともに，「売上原価」を減額させる必要があります。ここで「売上原価」を減額させるのは，当該商品（前期繰越

商品）が，個別財務諸表上「売上原価」に**未実現利益**を含んだ状況で計上されているからです。つまり，Ｓ社の個別財務諸表では，売上高が 52（48 × $\frac{66}{60}$），売上原価が 48 と計上されており，この 48 の中に未実現利益が含まれているのです。そこで，次のように売上原価の過大部分をもどす必要があります。

（借）商　　　品	8	（貸）売 上 原 価	8

　そして上記の仕訳を，まとめたものが **解答** の前期の未実現利益の戻しの仕訳になります。

例題2　　アップストリーム

設問1

　Ｓ社（子会社）は，連結グループ外部の仕入先より商品を 100 円で仕入れ，その全部を 120 円でＰ社（Ｓ社の株式の 60％を所有している）へ販売した。Ｐ社ではこのうち半分を 66 円で連結グループ外部の得意先へ販売した。なお，Ｐ社においてＳ社から仕入れた商品の期首在庫はなかった。

設問2

　上記 **設問1** において，Ｐ社でＳ社から仕入れた商品の期首在庫が 48 円あった場合の，当期に必要な連結仕訳を示しなさい。また，その在庫は当期においてＰ社より連結グループ外部に販売されているものとする。なお，Ｐ社・Ｓ社における利益率は前期も当期と同じである。

解答

(単位：円)

アップストリーム

設問1

<親子間取引の相殺消去仕訳>

(借) 売　上　高　　120　　(貸) 売 上 原 価　　120

<未実現利益の消去仕訳>

(借) 売 上 原 価　　10　　(貸) 商　　　品　　10

<非支配株主持分への振替>

(借) 非支配株主持分　　4　　(貸) 非支配株主に帰属する当期純利益　　4

＊非支配株主に帰属する当期純利益：10×0.4＝4

設問2

<親子間取引の相殺消去仕訳>

(借) 売　上　高　　120　　(貸) 売 上 原 価　　120

<当期の未実現利益の消去・非支配株主持分への振替>

(借) 売 上 原 価　　10　　(貸) 商　　　品　　10

(借) 非支配株主持分　　4　　(貸) 非支配株主に帰属する当期純利益　　4

＜前期の未実現利益の戻し＞

| （借） | 利 益 剰 余 金
期 首 残 高 | 8 | （貸）売 上 原 価 | 8 |

| （借） | 非支配株主に
帰属する当期
純 利 益 | 3.2 | （貸） | 利 益 剰 余 金
期 首 残 高 | 3.2 |

＊未実現利益：$48 \times \dfrac{120-100}{120} = 8$

＊非支配株主に帰属する当期純利益：$8 \times 0.4 = 3.2$

図解 2

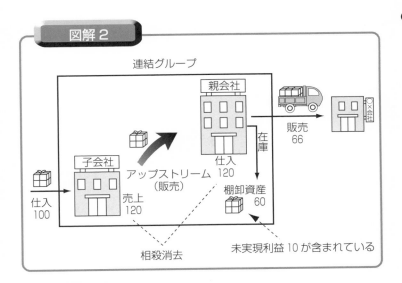

連結グループ

親会社

販売
66

子会社

アップストリーム
（販売）

仕入
120

在庫

棚卸資産
60

仕入
100

売上
120

相殺消去

未実現利益 10 が含まれている

解 説

設問 1 について 図解 2 を見て下さい。

〔1〕親子間取引の相殺消去

　まず **図解2** の親会社・子会社間の内部取引（太い矢印）を相殺消去する必要があります。

〔2〕未実現利益の消去

　次に **図解2** の親会社にある棚卸資産に含まれる未実現利益を消去します。本問の取引はアップストリームですから，未実現利益の消去は，全額消去・持分按分方式で処理することになります（『⑵未実現損益の処理方法』（☞P.101）参照）。未実現利益について全額消去するのは，ダウンストリームであってもアップストリームであっても全く同じです（したがって，未実現利益の計算については 設問1 の解説を参照して下さい）。

　しかし，アップストリームの場合には，未実現利益について親会社のみではなく非支配株主にも負担させる仕訳が必要になります。なぜなら先の仕訳によって消去された未実現利益10円は，子会社の個別の財務諸表では当期純利益に含まれているため，すでに連結仕訳で非支配株主持分へ利益の振り替えが行われているからです（当期純利益の振替処理については，『実践編2．持分変動取引の連結処理⑴利益剰余金増加の処理』（☞P.69）参照）。したがって，この非支配株主持分へ振り替えられた子会社の当期純利益のうち，先の仕訳で消去した未実現利益に係わる部分を振り戻す処理が必要となるのです。結果として，非支配株主へ振り替えすぎた利益を取り戻す処理になります（なお，振り替えすぎとは未実現利益の部分です）。

　設問2 では，当期の未実現利益に係る処理だけでなく，前期

の未実現利益に係る処理が必要となります（内部取引・当期分の未実現利益に係る処理については 設問1 と同様です）。

前期未実現利益の処理

まず前期の未実現利益の消去・非支配株主の振り戻し処理については，次のようになります（単位：円）。

（借）	利益剰余金期首残高	8	（貸）	商 品	8
（借）	非支配株主持分	3.2	（貸）	利益剰余金期首残高	3.2

次に，この未実現利益が当期に実現したことにより，次のような仕訳が必要になります（単位：円）。

（借）	商 品	8	（貸）	売 上 原 価	8
（借）	非支配株主に帰属する当期純利益	3.2	（貸）	非支配株主持分	3.2

ここで先に振り戻された非支配株主に帰属する当期純利益（前期分のため勘定科目としては「利益剰余金期首残高」となっている）について，当期の**実現**により，1番下の仕訳をもう一度非支配株主持分へ振り替える処理が必要になるということを忘れないようにして下さい（実現したことにより，利益の振り戻し処理を消しています）。

参　考

「非支配株主持分」の残高とその子会社の資本の関係について，通常は，子会社の資本合計×非支配株主比率＝「非支配株主持分」と

いう関係にあります。

　しかしこの関係が崩れることがあります。その1つが今回取りあげた，アップストリームの未実現利益が存在する場合です。

　 例題2 の仕訳でもわかるとおり，連結会計年度の未実現利益のうち非支配株主持分に該当する部分は，「非支配株主持分」から減額されることになります。したがってこの減額部分について，上記の等式が成立しないことになります（この時等式は，資本合計×非支配株主比率－未実現利益の非支配株主負担分＝「非支配株主持分」となります）。

　この関係を知っていれば「非支配株主持分」の残高について，連結仕訳をたてずに計算できることになります。また連結仕訳の結果を検証するための有効な方法にもなります。

（4）固定資産（非償却性資産）

　親子会社間で，土地や建物などの固定資産を売却する取引が考えられます。この時売却価額が帳簿価額と一致しているケースでは，未実現損益が発生しないので，この取引は連結グループ内部での単なる**場所の移動**を表しているにすぎないことになります。したがって，連結財務諸表を作成するにあたって，とくに仕訳を行う必要もありません。

　しかし，帳簿価額と異なる価額で売買が行われた場合には，当該固定資産が外部に売却されない限り，未実現損益が発生してしまいます（『（1）未実現損益ってなに？』（☞P.**98**）参照）。

　したがって，この場合にはこの未実現利益を消去する仕訳が，連結財務諸表作成上必要になるのです。

例 題

設問 1

　P社は×1年12月31日に，簿価500円の土地を5,000円で100%子会社のS社へ売却した。S社ではこれを×3年12月31日に，6,000円で連結グループ外部へ売却した。そこで×1年12月期・×2年12月期・×3年12月期に必要な連結仕訳を示しなさい。

設問 2

　上記の 設問 1 において，S社（P社がその持分の60%を所有）がP社へ土地を売却した場合，必要となる連結仕訳を示しなさい。

解 答

(単位：円)

設問 1

＜×1年12月期に必要な連結仕訳＞

| （借）固定資産売却益 | 4,500 | （貸）土　　　　地 | 4,500 |

＊固定資産売却益：5,000－500=4,500

＜×2年12月期に必要な連結仕訳＞

| （借）利 益 剰 余 金 期 首 残 高 | 4,500 | （貸）土　　　　地 | 4,500 |

＜×3年12月期に必要な連結仕訳＞

| （借）利 益 剰 余 金 期 首 残 高 | 4,500 | （貸）固定資産売却益 | 4,500 |

設問 2

＜×1年12月期に必要な連結仕訳＞

| （借）固定資産売却益 | 4,500 | （貸）土　　　　地 | 4,500 |
| （借）非支配株主持分 | 1,800 | （貸）非支配株主に帰属する当期純利益 | 1,800 |

＊固定資産売却益：5,000－500=4,500

＊非支配株主に帰属する当期純利益：4,500×0.4＝1,800

＜×2年12月期に必要な連結仕訳＞

| （借）利 益 剰 余 金 期 首 残 高 | 4,500 | （貸）土　　　　地 | 4,500 |
| （借）非支配株主持分 | 1,800 | （貸）利 益 剰 余 金 期 首 残 高 | 1,800 |

<×3年12月期に必要な連結仕訳>

（借）利 益 剰 余 金
　　　期 首 残 高　4,500　（貸）固定資産売却益　4,500

（借）非支配株主に
　　　帰属する当期　1,800　（貸）利 益 剰 余 金
　　　純 利 益　　　　　　　　　 期 首 残 高　1,800

図　解

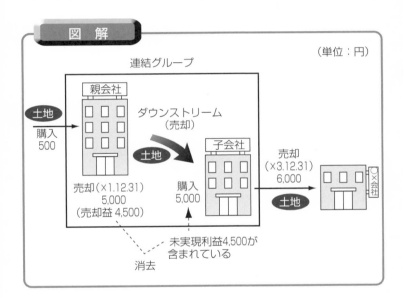

（単位：円）

連結グループ

親会社

ダウンストリーム
（売却）

土地
購入
500

土地

子会社

売却
（×3.12.31）
6,000

○×会社

売却（×1.12.31）
5,000
（売却益 4,500）

購入
5,000

土地

未実現利益4,500が
含まれている

消去

解　説

　まず　設問 1　について考えてみましょう。　設問 1　はダウンストリームの取引ですから，未実現利益は全額消去・親会社負担方式で処理することになります。上記の　図解　は，　設問 1　の状況を示しています。

〔1〕×1年12月期に必要な連結仕訳

　×1年12月期の個別財務諸表において，親会社では土地の売却益4,500円が実現利益として計上されています。しかしこの売却益は，連結財務諸表上では未実現利益です。またこの売買取引により，同額だけ子会社が期末に保有する土地の取得価額が膨らんでいると考えられます（500円であった土地が，5,000円で計上されている）。したがって，連結手続として，この未実現利益を消去して，「土地」を減額する仕訳が必要になるのです。そしてその仕訳が **解答** の仕訳になります。

〔2〕×2年12月期に必要な連結仕訳

　×2年12月期においても，S社は依然土地を連結グループ外部へは売却していません。したがって，P社の前期に計上した売却益は依然として未実現利益です。しかし，個別財務諸表上では，前期においてP社が計上した売却益は，すでに実現したものとして前期の利益に含まれています。その結果，単純合算財務諸表の「利益剰余金期首残高」にこの未実現利益が含まれることになっています。したがって，未実現利益の分だけ「利益剰余金期首残高」と「土地」を減額する仕訳が必要になるのです。そしてその仕訳が **解答** の仕訳になります。

　なお，この手続は，S社が土地を連結グループ外部へ販売するまでの間，繰り返し行われることになります。

〔3〕×3年12月期に必要な連結仕訳

　×3年12月期には，S社が土地を連結グループ外部へ売却したため，ここで初めて，これまで未実現利益だった部分の土地の売却

益が実現利益になります。したがって，個別財務諸表上で，前期までの利益（「利益剰余金期首残高」）に含まれていた部分を，当期の利益へと振り替える仕訳が必要になります。これによって，連結財務諸表上には，×3年12月期の利益を示す「固定資産売却益」が計上されます。そしてその仕訳が **解答** の仕訳になります。

次に 設問2 について考えてみましょう。設問2 では，設問1 と同じ取引がアップストリームで行われた場合の処理が問われています。アップストリームの場合，未実現利益は，全額消去・持分按分方式で処理されることになります。この時の考え方は，棚卸資産のケースと同様になります（『(3) 棚卸資産』（☞P.103）参照）。

〔1〕×1年12月期に必要な連結仕訳

×1年12月期において，S社に4,500円の未実現利益が発生しています。したがって，この未実現利益のうち，非支配株主持分に相当する部分は，連結手続上，すでに非支配株主持分への振り替えが行われているので，これを振り戻す仕訳が必要になります。そしてその仕訳が **解答** の仕訳になります。

〔2〕×2年12月期に必要な連結仕訳

×2年12月期においても，P社が依然として連結グループ外部に土地を売却していないので，前期に計上した売却益は依然として，未実現利益のままです。したがって，当期の処理を再度実施する必要があります。しかしその時，前期の損益項目は「利益剰余金期首残高」で処理しなければならないことを，忘れないで下さい（仕訳については **解答** 参照）。

〔3〕×3年12月期に必要な連結仕訳

　×3年12月期においては，P社が連結グループ外部へ土地を売却しているので，前期までの未実現利益が実現利益になります。したがって，前期に振り戻した未実現利益を，当期の実現利益となるように振り替える仕訳が必要になります。そしてその仕訳が **解答** になります。

参　考

　ここでは，固定資産の取引でも非償却性資産を扱ってきました。しかし，建物や機械などの償却性資産の場合はどうなるでしょうか？　話は少し複雑になります。

　個別財務諸表では，未実現利益の分が含まれた価額をもとに減価償却が計算されています。つまり，資産勘定が過大となっているだけでなく減価償却費も過大となっているため，それに関する連結仕訳も必要となるのです。売却初年度の具体的な仕訳は，次のようになります。

（1）建物の売却益を消去

| （借）建 物 売 却 益 | ××× | （貸）建　　　　物 | ××× |

（2）過大な減価償却を修正（未実現利益分の当期償却額）

| （借）建　　　　物 | ××× | （貸）建物減価償却費 | ××× |

　上記では簡単に示していますが，複数年度にわたり，非支配株主がある場合などはかなり複雑になります。実務的には，複雑なため重要性が乏しければ，未実現利益を無視していることも多いようです。

5. 持分法の処理

（1）投資勘定の増加・減少処理

持分法とは，投資している会社が，投資先の会社の利益又は損失のうちその投資している会社の持分に見合う額を認識して，自社（投資している会社）の損益計算書及び貸借対照表に反映させる方法です。

損益計算書では「持分法による投資損益」という項目で，利益又は損失が計上され，それに見合って貸借対照表では「関係会社株式」（投資先の会社に対する投資勘定）を増減させます。蛇足ですが，過去の損益については連結同様，「利益剰余金期首残高」に集約されます（持分法についての，総論的説明については『基礎編　5.持分法ってなに？』（☞P.**30**）を参照）。

例　題

〔資　料〕

　P社は，×1年3月31日に，A社の株式の50％を750円で取得した。A社の資本勘定の推移は，次のとおりである。なお，A社は剰余金の処分は行っていない（単位：円）。

	資本金	剰余金
×1年3月31日	1,000	500
×2年3月31日	1,000	600

（評価差額には重要性がないものとする）

設問 1

　A社が連結子会社であるとした場合に，×2年3月期に必要となる仕訳を示しなさい。

設問 2

　A社に持分法を適用する場合，×2年3月期に必要となる仕訳を示しなさい。

解 答

（単位：円）

設問 1

＜株式取得時（×1年3月期）＞

| （借）資　本　金 | 1,000 | （貸）A 社 株 式 | 750 |
| 利益剰余金期首残高 | 500 | 非支配株主持分 | 750 |

＊非支配株主持分：（1,000＋500）×0.5＝750

＜増加剰余金の認識＞

| （借）非支配株主に帰属する当期純利益 | 50 | （貸）非支配株主持分 | 50 |

＊非支配株主に帰属する当期純利益：（600－500）×0.5＝50

＜×２年３月期＞

まとめると，連結に必要な仕訳は次のようになる。

（借）資 本 金	1,000	（貸）Ａ 社 株 式	750
利益剰余金期首残高	500	非支配株主持分	800
非支配株主に帰属する当期純利益	50		

＊非支配株主持分：(1,000＋600)×0.5＝800

設問２

＜株式取得時（×１年３月期）＞

（仕訳なし）

＜増加剰余金の認識＞

（借）Ａ 社 株 式	50	（貸）持分法による投資損益	50

＊持分法による投資損益：(600－500) ×0.5＝50

＜×２年３月期＞

まとめると，持分法の適用に必要な仕訳は次のようになる。

（借）Ａ 社 株 式	50	（貸）持分法による投資損益	50

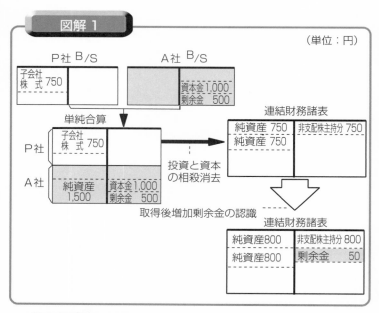

図解 1

（単位：円）

P社 B/S

| 子会社株式 750 | |

A社 B/S

| | 資本金1,000 |
| | 剰余金 500 |

単純合算

P社
| 子会社株式 750 | |

A社
| 純資産 1,500 | 資本金1,000 |
| | 剰余金 500 |

投資と資本の相殺消去

連結財務諸表

| 純資産 750 | 非支配株主持分 750 |
| 純資産 750 | |

取得後増加剰余金の認識

連結財務諸表

| 純資産800 | 非支配株主持分 800 |
| 純資産800 | 剰余金 50 |

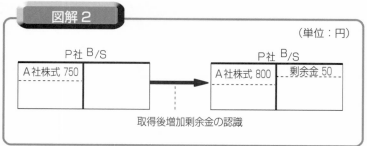

図解 2

（単位：円）

P社 B/S

| A社株式 750 | |

P社 B/S

| A社株式 800 | 剰余金 50 |

取得後増加剰余金の認識

解　説

　設問1では，連結処理と持分法の違いを明確にするために，連結処理を出題しました。各仕訳の内容については，連結処理の該当ページを参照して下さい。

　それでは持分法の処理について 設問2 を，考えていきましょう。

〔1〕×1年3月期の仕訳

　まず，株式取得時（×1年3月期）の仕訳が，"仕訳なし"ということになっています。連結処理（ 設問1 ）では，投資と資本の相殺消去の仕訳が行われています。このような違いが生じるのはなぜでしょうか？

　その答えは連結手続にあります。連結処理の手続は，最初に親会社と子会社の財務諸表を単純合算するところから始まります（『基礎編7. 連結財務諸表を作成するまでの手順』（☞P.38）参照）。

　しかし，持分法では，連結のように投資会社と被投資会社（投資先の会社）の財務諸表を単純合算するというような処理を行うことはありません。持分法が部分連結といわれる所以がここにあります。持分法の目的は，連結グループの財政状態及び経営成績を適正に表示するという連結とは異なり，連結グループの経営成績（純資産及び純利益）を適正に表示するところにあるのです。財政状態を表示するために，各財務諸表を単純合算する必要はないのです。

　単純合算が行われないということは，連結のように投資と資本の相殺消去をする必要はないことになりますから（消去すべき資本は存在しない），持分法を適用する上で，株式取得時には，何らの処理も行う必要はないのです。なおP社の個別財務諸表上，取得時に次のような仕訳が行われています（単位：円）。

（借）A 社 株 式　　750　　（貸）現 金 預 金　　750

〔2〕×2年3月期の仕訳

次に，×2年度の増加剰余金の認識に関する仕訳をみてみましょう。持分法では，Ａ社で生じた当期純利益のうちＰ社の持分相当額だけ投資勘定を増額させる仕訳が行われています。一方連結処理では，Ａ社で生じた当期純利益の非支配株主持分相当額について，「非支配株主持分」に振り替える仕訳が行われています。これも，財務諸表の単純合算を前提とする連結処理と，それを前提としない持分法との違いにより生じているものです。

持分法であっても，連結であっても，財務諸表に剰余金の増加として認識させたいのは，Ａ社の利益のうちＰ社の持分相当額だけです。その時，持分法では財務諸表を単純合算していませんから，Ａ社で生じた当期純利益のうちＰ社の持分相当額については，貸方に「持分法による投資損益」を認識し（「持分法による投資損益」は，損益計算書に計上されます），借方は同額の「Ａ社株式」を計上します。

この結果，Ａ社の増加剰余金のうちＰ社持分だけが，認識されることになります。これにより，Ａ社の純資産の変動を「Ａ社株式」に反映させることになります。

一方，連結処理では，財務諸表の単純合算が行われていることから，Ａ社のすべての増加剰余金が計上されています。そのうち非支配株主持分に相当する部分について，借方「非支配株主損益」で剰余金を減額すると共に，同額を貸方「非支配株主持分」により，「非支配株主持分」を増額させるのです（非支配株主持分への振り替え）。

結果として，増加剰余金のうちＰ社持分相当額だけが，連結財務諸表に残る（結果として認識される）ことになります。

結局，持分法と連結処理の違いは，単純合算の有無に集約されま

す。持分法は必要なものだけを取り込むという立場で，連結は1度すべてを取り込んでおいて，多すぎる部分をマイナスして必要なものだけを残すというイメージです（これ以降取り上げる持分法の処理のすべてがそうです）。持分法を理解する場合には，常にこの事を意識する必要があります。

参 考

持分法は，一行連結ともいわれます。なぜなら持分法は　**解答**　の仕訳のように，一行の仕訳で，連結財務諸表の「資本」に連結処理を行ったのと同様の結果を及ぼすからです。

前述の　**図解1**　**図解2**　を見比べて下さい。仕訳を行った後の連結財務諸表で（**図解1**　と　**図解2**　とで），純資産の状況が同じになっています。

このような結果が生じるということから，連結処理と持分法は，企業集団をグロスで捉えようとしているか，ネットで捉えようとしているかという違いでしかないといえます。したがって，両者は表裏一体のものですから，別々に捉えるというよりも，一方の理解のために，他方を利用するという形で考えていくことが望ましいと言えます。持分法を学習しながら，連結処理についてもう一度学習していただけると，より一層その理解が深まると思います。是非，上記の観点から連結処理を再確認していただきたいと思います。

（2）投資差額の認識

　持分法においても，連結処理の場合と同様に，投資先会社の資本（純資産）のうち投資会社持分金額と投資会社の投資金額の間に，差異が生じることがあります（差異が生じる理由等については，『実践編 1. 資本取引の連結処理 （2）のれん』（☞P.**52**）参照）。

　このような場合，連結処理では，この差額について「のれん」を用いて処理しました。しかし持分法では，連結処理とは異なり，単純合算が行われない（その結果投資と資本の相殺消去が行われない）ため，このような処理は行いません。

　持分法では，投資会社の投資勘定に投資先会社の資本（純資産）のうち投資会社の持分金額を反映させるという考え方をとっています。したがって，持分法では投資差額について，償却期間を通じて逐次投資勘定自体を加減算するという処理を行うことになります。その結果，この投資差額の償却がすべて終わった時点で，親会社の投資勘定と投資先会社の資本（純資産）のうち投資会社の持分金額とは一致することになります。

例 題

P社は，×1年3月31日に，A社の株式の50％を800円で取得した。A社の資本勘定の推移は，次のとおりである。

そこで，×2年3月期にA社に持分法を適用する場合，必要となる仕訳を示しなさい。なお，A社は剰余金の処分は行っていない。また，投資差額は，発生年度の翌年から5年間で均等償却を行うものとする（単位：円）。

	資本金	剰余金	A社資本合計
×1年3月31日	1,000	400	1,400
×2年3月31日	1,000	500	1,500

なお，持分法の適用に先立ちA社の資産・負債を再評価したところ，純額で100円の評価益が認識された。

解 答

（単位：円）

＜増加剰余金の認識＞

（借）A 社 株 式　　50　　（貸）持分法による投資損益　　50

＊持分法による投資損益：(500－400)×0.5＝50

＜投資差額の償却＞

（借）持分法による投資損益　　10　　（貸）A 社 株 式　　10

＊投 資 差 額：(1,400＋100)×0.5－800＝△50

＊持分法による投資損益：△50÷5年＝△10

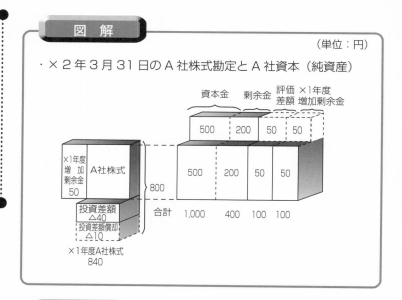

図　解

（単位：円）

・×２年３月31日のＡ社株式勘定とＡ社資本（純資産）

解　説

（単位：円）

〔1〕図解の見方

　最初に　図解　の説明をしましょう。

　図解　の左側のボックスは，全体でＰ社が保有する×１年度末の持分法上の「Ａ社株式」を表しています。このボックスは左右にわかれていますが，右側は，×１年３月31日に取得した時点の「Ａ社株式」（取得原価）を表しており，左側は×１年度増加剰余金（のうちＰ社持分相当額）を表しています（右側の下２段については，投資差額の残高と当期の投資差額の償却額を示しています）。

　次に，右側のボックスは，Ａ社株式取得時のＡ社資本（純資産）を表しています。このボックスは実線で，横に３つに分割されています。その１番左側は，Ａ社の資本（純資産）を表しており，そ

の内訳は「資本金」と，「剰余金」となっています。また，真ん中のボックスは，資産・負債を時価評価した際に生じた評価差額を表しています。1番右側のボックスは×1年度の増加剰余金を示しています。さらに，P社の持分に相当する部分とそれ以外の部分とに上下に分割されています（持分法では，投資先会社（A社）の純資産のうち，投資会社（P社）持分相当部分のみが問題になります（『(1)投資勘定の増加・減少処理』(☞P.119)参照）。

　そして評価差額・×1年度増加剰余金については，P社持分だけ認識されています。評価差額と×1年度増加剰余金のP社持分以外の部分が点線になっているのは，持分法上，認識されない評価差額・増加剰余金の存在を表しています。

　左側のA社株式のボックスと右側のボックスのうちP社持分相当部分は，対応するようになっています。左側のボックスと右側のボックスのP社持分の数値を横に合計してみて下さい。左側のボックスは840（△10＋800＋50）となる一方，右側のボックスは800（500＋200＋50＋50）となり，両者で40の差が生じています。そして，その40は，投資差額の未償却残高と一致しています。つまり，投資差額の償却が終了すると両者が一致するわけです。

〔2〕投資差額の認識と処理

　それでは，投資差額についてみていきましょう。

　まず，投資差額がどれだけあるかを認識する必要があります。投資先会社であるA社の資本合計は1,400ですから，このうち投資会社たるP社に帰属する持分は，700（＝1,400×0.5）ということになります（　図解　）のP社持分の「資本金」と「剰余金」の

合計）。しかし **例題** では，評価益が100認識されていますので，これについても加味しなければなりません。この評価益はA社資本全体に係るものですから，このうちP社持分に相当する部分50（＝100×0.5）をここでは考慮することになります（**図解** の評価差額のP社持分）。結果として，A社資本のP社持分は，750（＝700+50）ということになり，これとA社株式の取得原価800との差額△50（＝750－800）が，投資差額として認識されることになります（**図解** 参照）。そして認識された投資差額は一定期間（20年以内）で償却されることになります。

例題 では，5年間で均等償却することになっていますので，△10（＝50÷5年）が×2年度の償却分として，計上されることになります（**図解** の左側のボックスの最下段）。

なお，増加剰余金の認識については，『(1) 投資勘定の増加・減少処理』（☞P.119）を参照して下さい。

参 考

この **例題** では，A社資本のP社持分（750）＜A社株式の取得原価（800）となっています。しかし，もし，A社資本のP社持分＞A社株式の取得原価となっていたら，次のように償却の仕訳は貸借が逆になります。いずれにしても償却は，A社資本のP社持分とA社株式の取得原価を一致させる効果があることを理解していれば容易に推測できることでしょう。

（借）A 社 株 式　×××　（貸）持分法による
投 資 損 益　×××

（3）剰余金の処分に関する処理

　持分法でも連結処理と同様に，剰余金の処分に関する処理が必要になります（連結処理については，『実践編2.持分変動取引の連結処理　(2)利益剰余金の処分に関する処理』（☞P.**75**）参照）。しかし，持分法は，単純合算を行わず，投資先会社の純資産の変動にのみ焦点を当てて処理する方法ですから，そこで行われる処理は，連結処理とは異なるものになります。

　それでは，　例題　を通じて，具体的な処理について考えていきましょう。

例　題

　P社がその株式の50％を所有しているA社において，当期，次のように剰余金の処分が行われた。そこでA社に持分法を適用する場合，必要となる仕訳を示しなさい。

利益準備金繰入額		100円
配　　当　　金		1,000円

解　答

(単位：円)

―＜利益準備金繰入＞――――――――――――――――

（仕訳なし）

<配当金>

| （借）受取配当金 | 500 | （貸）A 社 株 式 | 500 |

＊受取配当金：1,000×0.5＝500

図 解

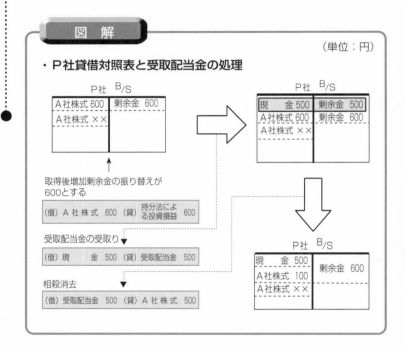

（単位：円）

・P社貸借対照表と受取配当金の処理

P社 B/S

| A社株式 600 | 剰余金 600 |
| A社株式 ×× | |

取得後増加剰余金の振り替えが
600とする

| （借）A 社 株 式 600 | （貸）持分法による投資損益 600 |

受取配当金の受取り

| （借）現 金 500 | （貸）受取配当金 500 |

相殺消去

| （借）受取配当金 500 | （貸）A 社 株 式 500 |

P社 B/S

現 金 500	剰余金 500
A社株式 600	剰余金 600
A社株式 ××	

P社 B/S

現 金 500	剰余金 600
A社株式 100	
A社株式 ××	

解 説

〔1〕利益準備金繰入について

最初に，利益準備金繰入に係る処理を考えてみましょう。

利益準備金繰入については，結果として連結と同様の処理になります。持分法を含めた連結会計において，投資先会社の個別財務諸

表の利益準備金は連結財務諸表上は利益剰余金として取り扱われます。したがって連結会計上，利益準備金繰入は利益剰余金内部での科目の変更であり，投資先会社の純資産に変動はないので，持分法においても，剰余金の処分に伴い，特に必要となる仕訳はないということになるのです。

〔2〕**配当金について**

　次に，配当金に係る処理について考えてみましょう。

　Ａ社の当期純利益のうち，Ｐ社持分相当額は取得後増加剰余金として投資勘定へ振り替える処理が行われています。しかし，Ａ社が現金配当を行えば，それだけＡ社の純資産が減少することになります。そこで，持分法においては，この純資産の減少分のうちＰ社の持分相当額だけ投資勘定を減少させ（貸方「Ａ社株式」），同時にＰ社の損益計算書に計上されているＡ社からの受取配当金を消去する（借方「受取配当金」）ことになります。

　図解　では，配当金の処理とＰ社の貸借対照表の関係を示しています（取得後増加剰余金を６００円と仮定して示してあります）。

参　考

　配当金の処理について，なぜ「持分法による投資損益」を用いずに，「受取配当金」で処理するのかと疑問に思う方がいらっしゃるかもしれません。確かに単純合算を行わない持分法では，投資勘定以外の個別財務諸表の勘定を消去する処理は，一見不合理なようにも思われます。

　しかし，単純合算が行われていなくても，投資先会社の配当金は，投資会社の損益計算書に個別会社間の取引として，「受取配当金」

に計上されているのです。したがって，もし「持分法による投資損益」を用いた場合，投資先会社からの配当金が「受取配当金」で計上されながら，同じ内容を「持分法による投資損益」で利益のマイナスとして計上することになるので，この状態を回避するため，「受取配当金」を消去する仕訳が行われるのです。

（4）未実現損益の処理

　投資会社，あるいは投資先会社に未実現損益が存在する場合，持分法でも，これに関する処理が必要になります（未実現利益については，『実践編4. 未実現損益の連結処理（1）未実現損益ってなに？』（☞P.**98**）参照）。

　持分法の未実現損益は，連結処理の場合と同様に，アップストリームとダウンストリームで，異なる処理を行う必要があります（アップストリーム・ダウンストリームについては，『実践編4. 未実現損益の連結処理（2）未実現損益の処理方法』（☞P.**101**）参照）。持分法の未実現損益について，アップストリームの場合には，**部分消去・親会社負担方式**で，ダウンストリームの場合には，**全額消去・親会社負担方式**により処理することになります。

　それでは，　例題　で，具体的な処理について考えてみましょう。

例題1

　P社は，P社がその株式の50％を所有するA社から商品を仕入れている。P社の保有する棚卸資産中，A社から仕入れた商品は次のとおりである。そこで，A社に持分法を適用する場合，必要となる仕訳を示しなさい。

期首　　250円（未実現利益　50円を含む）

期末　　200円（未実現利益　40円を含む）

解 答

(単位：円)

―<期末分>――

(借) 持分法による
　　 投 資 損 益　　20　　(貸) 商　　　品
　　　　　　　　　　　　　　　（A 社 株 式）　20

＊持分法による投資損益：40×0.5＝20

―<期首分>――

(借) 利 益 剰 余 金
　　 期 首 残 高　　25　　(貸) 持分法による
　　　　　　　　　　　　　　 投 資 損 益　　25

＊利益剰余金期首残高：50×0.5＝25

図解 1

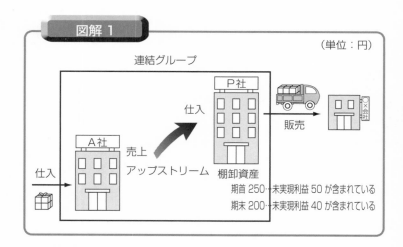

(単位：円)

連結グループ

P社

仕入

A社

仕入

売上
アップストリーム

販売

棚卸資産

期首 250…未実現利益 50 が含まれている
期末 200…未実現利益 40 が含まれている

解 説

〔1〕期末分の処理について

例題 1 は，投資先会社から投資会社へ，商品が販売されていることから，いわゆるアップストリームのケースに該当します。

　アップストリームの場合，P社が所有する期末商品は未実現利益が含まれるため未実現利益のうち投資会社の持分比率に応じた部分を消去する必要があります。

　つまり，貸方「A社株式（棚卸資産）」で，P社に期末現在，存在するA社販売商品に含まれる未実現利益のうち，P社の持分に相当する金額を原則として棚卸資産（商品）から減少させるとともに，借方「持分法による投資損益」で，持分法の適用により振り替えた利益を減少させる仕訳が行われることになります（　解答　の期末分の仕訳）。なお，貸方は棚卸資産（商品）ではなく投資勘定（A社株式）とすることも容認されています。

〔2〕期首分の処理について

　次に　例題1　では，A社が前期に販売して当期に繰り越された，P社の期首棚卸資産が存在します。この商品に係る未実現利益については，以下のように考えることになります。

　期首棚卸資産については，前期末において，当期末商品に係る未実現利益と同じ仕訳が行われているはずです。したがって，まずは開始仕訳として，前期末と同じ仕訳を行います。その時連結処理の場合と同様に，前期以前の損益項目はすべて「利益剰余金期首残高」に集約されるということを，忘れないで下さい（『実践編 1. 資本取引の連結処理 （5）利益剰余金期首残高』（☞P.65）参照）。具体的には次のような仕訳になります（単位：円）。

実 践 編

5 持分法の処理

| (借) | 利益剰余金期首残高 | 25 | (貸) | 商 品（A 社株式） | 25 |

＊利益剰余金期首残高：50×0.5＝25

　次に，前期末に未実現であった利益については，当期に実現したとして処理するため，この未実現利益を当期の利益として認識し直す仕訳が必要になります。これは，P 社の期首在庫が当期中に売却されて利益が実現するという考え方です。したがって，前期末の未実現利益の投資会社持分相当額だけ，棚卸資産を増加させ（借方「商品（A 社株式）」），同額当期の利益を増加させる（貸方「持分法による投資損益」）仕訳が必要になるのです。具体的には次のような仕訳になります（単位：円）。

| (借) | 商 品（A 社株式） | 25 | (貸) | 持分法による投資損益 | 25 |

　そして，上記の 2 つの仕訳をまとめると， 解答 の期首分の仕訳になります。

例題 2

　　P 社は，P 社がその株式の 50％を所有する A 社に対して商品を販売している。A 社の保有する棚卸資産中，P 社から仕入れた商品は次のとおりである。そこで，A 社に持分法を適用する場合に必要となる仕訳を示しなさい。なお，仕訳に際して繰延利益勘定は使用しないものとする。

　　　　期首　　250 円（未実現利益　50 円を含む）
　　　　期末　　200 円（未実現利益　40 円を含む）

解 答

(単位：円)

<期末分>

(借) 売 上 高
(持分法による)
投 資 損 益 40 (貸) A 社 株 式 40

<期首分>

(借) 利益剰余金
期 首 残 高 50 (貸) 売 上 高
(持分法による)
投 資 損 益 50

図解2

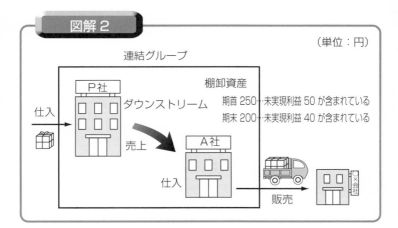

(単位：円)

連結グループ

P社
ダウンストリーム

仕入
→ 🎁

売上

A社
仕入
→ 販売

棚卸資産
期首 250…未実現利益 50 が含まれている
期末 200…未実現利益 40 が含まれている

解 説

〔1〕 ダウンストリームの場合の考え方

例題2 は，投資会社から投資先会社へ，商品が販売されていることから，いわゆるダウンストリームのケースに該当します。

ダウンストリームの場合，未実現損益は投資会社が計上した売上高に含まれているため未実現損益（ **例題2** では未実現利益）の

すべてを，次期以降に繰り越すために投資勘定に負担させる（貸方「A社株式」）とともに，当期の売上高を減少させます（借方「売上高（持分法による投資損益）」）。これが，解答の期末分の仕訳となります。なお，借方を「売上高」ではなく「持分法による投資損益」とすることも容認されています。

〔2〕**期首分の処理について**

期首棚卸資産に係る未実現損益については，以下のように考えます。

まず，前期末の未実現利益の繰越処理が，開始仕訳として行われます。具体的には次のようになります（単位：円）。

（借）	利益剰余金 期 首 残 高	50	（貸）	A 社 株 式	50

そして，この繰越利益が，当期における販売により実現したと考えます。したがって，繰越利益を取り崩して（借方「A社株式」），当期の利益に算入する（貸方「売上高（持分法による投資損益）」）仕訳が行われることになります。具体的には次のようになります（単位：円）。

（借）	A 社 株 式	50	（貸）	売 上 高 (持分法による) 投 資 損 益	50

そして前頁の2つの仕訳をまとめたものが，解答の仕訳になります。

参 考

　持分法では，理論的には投資勘定と投資先会社の資本（純資産）の間に，

投資勘定 = 投資先会社の資本（純資産）×持株比率

という関係が存在することになります。

　しかし実際には，①未実現損益の存在（アップ・ダウン）②投資差額の存在により，上記の関係が成り立たないこともあります。そこで，これらの事情も加味して，投資勘定を検算するための算式を紹介したいと思います。

投資先会社資本（純資産）合計

$\qquad$ ×持株比率 ＝×××

△アップの未実現損益×持株比率 ＝×××

△ダウンの未実現損益　　　　　＝×××

△投資差額の未償却残高　　　　＝×××

持分法による投資勘定残高 ＝×××

6. 連結精算表

連結精算表ってなに？

　連結精算表とは，連結決算書の作成手続を一覧表にまとめたものです。簡単に言えば，いままで学んできた，連結処理・持分法上の処理を行うための計算書です。連結決算の手続は，個別財務諸表とは別に行われるので（『基礎編 7. 連結財務諸表を作成するまでの手順』（☞P.**38**）参照），連結精算表が必要とされるのです。また，連結精算表を作成することで，連結決算が簡略化されるほか，作成後の検証，会計監査が容易になります。

　それでは，連結精算表を使って連結財務諸表を作成してみましょう。

例　題

　S社の資本勘定の推移は，次のとおりである（単位：円）。

	資本金	利益余剰金
×2年3月31日	1,000	600
×3年3月31日	1,000	860

（なお，資産・負債の再評価に伴う評価差額には，重要性がない
ものとする）

　S社において×2年6月に実施した配当金は600である。

　P社は×2年1月1日に，S社の株式の60％を取得価額
1,000円で購入し，×2年4月1日から開始する事業年度よ
り連結財務諸表を作成することとなった。

　P社の投資勘定とS社の資本勘定との相殺消去差額は，のれ
んとして発生年度の翌年より5年間で均等償却を行うものと
する。

　そこで，×3年3月期の連結財務諸表を作成するにあたり，
次の連結精算表を完成させなさい。なお，連結精算表上，貸方
の数値には（　）を付けて表示すること（また，法人税につい
ては無視するものとする）。

【解答用紙】

（単位：円）

科　目	個別財務表			連結修正仕訳					連結財務諸表
	Ｐ社	Ｓ社	合計	開始仕訳	当期純利益の按分	のれんの償却	配当金の振替	配当金の相殺	
貸借対照表									
諸　資　産	11,000	2,510	13,520						
Ｓ 社 株 式	1,000		1,000						
の れ ん									
資産合計	1,2000	2,510	14,520						
諸　負　債	(5,500)	(650)	(6,150)						
資　本　金	(5,000)	(1,000)	(6,000)						
利 益 剰 余 金	(1,500)	(860)	(2,360)						
非支配株主持分									
負債純資産合計	(12,000)	(2,510)	(14,510)						
損益計算書									
諸　損　益	(1,640)	(860)	(2,500)						
受 取 配 当 金	(360)		(360)						
の れ ん 償 却									
当 期 純 利 益	(2,000)	(860)	(2,860)						
非支配株主に帰属する当期純利益									
親会社株主に帰属する当期純利益	(2,000)	(860)	(2,860)						
株主資本等変動計算書									
利益剰余金期首残高	(700)	(600)	(1,300)						
配　当　金	1,200	600	1,800						
親会社株主に帰属する当期純利益	(2,000)	(860)	(2,860)						
利益剰余金期末残高	(1,500)	(860)	(2,360)						

解　答

（単位：円）

科　目	個別財務表			連結修正仕訳					連結財務諸表
	Ｐ社	Ｓ社	合計	開始仕訳	当期純利益の按分	のれんの償却	配当金の振替	配当金の相殺	
貸借対照表									
諸　資　産	11,000	2,510	13,520						15,320
Ｓ社株式	1,000		1,000	(1,000)					0
の　れ　ん				40		(8)			32
資産合計	1,2000	2,510	14,520	(960)		(8)			13,542
諸　負　債	(5,500)	(650)	(6,150)						(6,150)
資　本　金	(5,000)	(1,000)	(6,000)	1,000					(5,000)
利益剰余金	(1,500)	(860)	(2,360)	600	⑥　344	8	(240)		(1,648)
非支配株主持分				(640)	②　(344)		240		(744)
負債純資産合計	(12,000)	(2,510)	(14,510)	960	⑦　0	8	0		(13,542)
損益計算書									
諸　損　益	(1,640)	(860)	(2,500)						(2,500)
受取配当金	(360)		(360)					360	0
のれん償却						8			8
当期純利益	(2,000)	(860)	(2,860)			8		360	(2,492)
非支配株主に帰属する当期純利益					①　344				344
親会社株主に帰属する当期純利益	(2,000)	(860)	(2,860)		③　344			360	(2,148)
株主資本等変動計算書									
利益剰余金期首残高	(700)	(600)	(1,300)	600					(700)
配　当　金	1,200	600	1,800				(240)	(360)	1,200
親会社株主に帰属する当期純利益	(2,000)	(860)	(2,860)		④　344	8		360	(2,148)
利益剰余金期末残高	(1,500)	(860)	(2,360)	600	⑤　344	8	(240)	0	(1,648)

解 説

(単位：円)

〔1〕連結精算表記入のための2つのステップ

　連結精算表作成の手順には，2つのステップがあります。

　第1のステップは，これまで学習した連結仕訳を記入する"縦の
ステップ"であり，第2のステップは，単純合算された各社の個別
財務諸表と連結仕訳から，連結財務諸表を作成する"横のステップ"
です。

〔2〕"縦のステップ"について

　連結精算表の作成上ポイントになるのは，"縦のステップ"です。
"縦のステップ"では，連結仕訳を記入するに当たって，1つのルー
ルに則って行わなければなりません。

　そのルールは，連結財務諸表を構成する各財務諸表の関係に基づ
くものです。その関係については，『実践編1．資本取引の連結処
理（5）利益剰余金期首残高』（☞P.65）で学習したとおりであり，
連結損益計算書→連結株主資本等変動計算書→連結貸借対照表とい
う流れが，連結精算表の記入においても要求されるということです。

　ここでは，例として損益項目（損益に影響する項目）の記入法に
ついて考えてみましょう。

　記入する順番は，連結損益計算書→連結損益計算書の「親会社株
主に帰属する当期純利益」→連結株主資本等変動計算書の「親会社
株主に帰属する当期純利益」→連結株主資本等変動計算書の「利益
剰余金期末残高」→連結貸借対照表の「利益剰余金」というように
なりますが，これを具体例でみていくことにしましょう。

　ここで，**解答**の連結精算表の当期純利益の按分仕訳の欄を参

考にすると，次のようになっています。

　まず，借方「非支配株主に帰属する当期純利益」344円を損益
計算書の欄（①）に，貸方「非支配株主持分」344円を貸借対照
表の欄（②）に記載します。

　そして，連結損益計算書に記入された借方「非支配株主に帰属す
る当期純利益」344円（①）は，当期純利益を同額減少させるこ
とから，借方「親会社株主に帰属する当期純利益」344円（③）
になります。各財務諸表のつながりにより，親会社株主に帰属する
当期純利益は，連結株主資本等変動計算書にも連結損益計算書と同
じ記入がなされます（④）。

　そして当期純利益の減少は，同額の利益剰余金（期末残高）の減
少になるため，借方「利益剰余金期末残高」344円（⑤）が記入
されることになります。

　さらに，連結株主資本等変動計算書で「利益剰余金期末残高」が
344円減少するので，同時に貸借対照表の「利益剰余金」の残高
も344円減少します。結果として，各財務諸表のつながりから，
連結貸借対照表の借方「利益剰余金」344円（⑥）と記入される
ことになるのです。

　最終的に借方に計上された「利益剰余金」344円（⑥）と貸方
に計上された「非支配株主持分」344円（②）を合計して0円
（⑦）になります。つまり，資産合計と負債資本合計がともに0円
となり，貸借が一致します。

　このように，文章で書くと，一見複雑なようにも感じますが，連
結精算表の作成にあたって，連結損益計算書→連結株主資本等変動
計算書→連結貸借対照表という順番に記入するという点と，連結損
益計算書・連結株主資本等変動計算書の「親会社株主に帰属する当

期純利益」，連結株主資本等変動計算書の「利益剰余金期末残高」への記入を忘れないという点に注意すれば，容易に"縦のステップ"が完成するはずです。

〔3〕"横のステップ"について

"横のステップ"については，簡単です。"横のステップ"では連結精算表上の数値を，各勘定項目ごとに横に足し算をしていくだけです。"横のステップ"では，計算ミスにだけ注意して下さい。

なお，子会社の数がそれほど多くなければ，連結精算表の作成（連結財務諸表の作成）はパソコンの表計算ソフトなどで十分に対応できます。

また，連結精算表作成の前提になる連結仕訳は，以下のようになります（単位：円）。

＜開始仕訳＞

（借）資　本　金	1,000	（貸）S 社 株 式	1,000
利益剰余金期首残高	600	非支配株主持分	640
の　れ　ん	40		

＊非支配株主持分：(1,000＋100＋500)×0.4＝640

＊の　れ　ん：1,000－(1,000＋100＋500)×0.6＝40

＜当期純利益の按分＞

| （借）非支配株主に帰属する当期純利益 | 344 | （貸）非支配株主持分 | 344 |

＊非支配株主に帰属する当期純利益：860（S 社の当期純利益）×0.4＝344

＜のれんの償却＞

| （借）のれん償却 | 8 | （貸）の　れ　ん | 8 |

＊のれん償却：40÷5年＝8

＜配当金の振替＞

| （借）非支配株主持分 | 240 | （貸）配　当　金 | 240 |

＊配　当　金：600×0.4＝240

＜配当金の相殺＞

| （借）受取配当金 | 360 | （貸）配　当　金 | 360 |

＊配　当　金：600×0.6＝360

7. 税効果会計

（1）税効果会計ってなに？

　税効果会計の内容を理解するためには，会計上の利益と税金の計算の関係を理解していなければなりません。税金は企業の儲けである利益に対して計算されます。しかしながら，税金の計算をする利益（課税所得と呼ぶ）と財務諸表に示される利益（会計上の利益と呼ぶ）とは一致しません。したがって，損益計算書に示される税引前利益と法人税等の関係はアンバランスな状態になってしまいます。これを是正するのが，税効果会計です。

例 題

　次の各社について，法人税等の金額と税引後利益を計算しなさい。また，税効果会計を適用した場合の税引後利益と繰延税金資産・繰延税金負債を計算しなさい（単位：円）。

	Ａ 社	Ｂ 社	Ｃ 社
税引前利益	10,000	10,000	10,000

＊　法定実効税率は50％とする。また，各社の法人税等の計算に関して留意点は次のとおりである。

　Ａ社→法人税法上の加算項目として減価償却限度超過額が2,000円ある。

　Ｂ社→法人税の計算上特に留意することはない。

C社→法人税法上の減算項目として固定資産の圧縮記帳（積立金方式）が3,000円ある。

解 答

（単位：円）

	A 社	B 社	C 社
税引前利益	10,000	10,000	10,000
法 人 税 等	6,000	5,000	3,500
税引後利益	4,000	5,000	6,500

なお，本著では計算の便宜上，法定実効税率を故意に，かつ，簡易的に50%としている。（以下，同様）

税効果会計適用後

	A 社	B 社	C 社
税引前利益	10,000	10,000	10,000
法 人 税 等	5,000	5,000	5,000
税引後利益	5,000	5,000	5,000
繰延税金資産	1,000	──	──
繰延税金負債	──	──	1,500

解 説

（単位：円）

各社の法人税を計算すると次のようになります。

A社：課 税 所 得＝10,000＋2,000＝12,000

法 人 税 等＝12,000×50%＝6,000

B社：課 税 所 得＝10,000

法 人 税 等＝10,000×50%＝5,000

C社：課税所得＝ 10,000 − 3,000 ＝ 7,000

法 人 税 等＝ 7,000 × 50%＝ 3,500

〔1〕 課税所得の計算（加算と減算）

課税所得とは，法人税の計算基礎となる所得金額です。前述のように，会計上の利益とは異なります。Ａ社の減価償却限度超過額とは，会計上は費用に計上され利益のマイナス項目となっていますが，法人税法上は所得のマイナス（損金計上）にはならないため，会計上の利益に 2,000 をプラス（加算）して課税所得を計算しています。そして，12,000 の 50%が法人税の金額になります。

Ｂ社は，法人税計算上，何の調整もないため，そのまま 5,000 が法人税となります。これに対して，Ｃ社の固定資産圧縮記帳額は，Ａ社の場合とは逆になります。つまり，会計上は収益に計上され利益のプラス項目になりますが，法人税上は所得のプラス（益金計上）にはならないため，会計上の利益から 3,000 をマイナス（減算）して課税所得を計算しています。

〔2〕 会計上の利益と課税所得との差について

これらの結果，各社の税引前利益は同じですが，税引後利益は大きく異なってきます。これは，会計上の利益と法人税の計算の基礎となる課税所得が異なることが原因です。

上記の例を見てみるとその中身は，この該当する会計期間で会計上の利益と課税所得の間に差が生じたのであって，いずれは両者の差がなくなるという性質のものです。つまり，Ａ社では，**会計上の利益 10,000 ＜課税所得 12,000** となっておりますが，今期以降必ず**会計上の利益＞課税所得**で金額差が 2,000 という会計期間が

あります（必ずしも一会計期間で全額というわけではなく，数期間にわたって合計金額として 2,000 ということもありますが，簡略化のため，あたかも一会計期間で生じているように表現しています）。

　具体的にこの会計期間では，減価償却限度超過額認容という形で，**例題** の会計期間とは逆に，会計上費用にはならないが法人税計算上は所得のマイナスになるという現象が生じます。これによって，最終的には**会計上の利益＝課税所得**になります。

〔3〕税効果会計の考え方

　これらのことから理解できることは，いずれもこの **例題** では会計上の利益と課税所得との差は一時的なものであるということです。A 社の場合を考えてみると，今期は会計上の利益よりも課税所得の方が多くなっているため会計上の見かけ（B 社をスタンダードな見かけと想定している）よりも法人税が多くなっています。

　しかし，そのアンバランスは，将来，今期とは逆に，会計上の利益よりも課税所得の方が少なくなり法人税が会計上の見かけよりも少なくなることによって解消されるということがはっきりしています。

　言い換えれば，今期は仮に法人税を多く支払っているのであって，将来その分は取り戻せるということです。結果として，その取り戻せる分は法人税等として処理するのではなく，繰延税金として処理し，取り戻したときに取り崩す処理をした方がより適切な財務諸表になるのではないかという発想があります。この考え方が税効果会計です。

〔4〕税効果会計の仕訳について

　それでは，税効果会計を実施したときの各社の仕訳と損益計算書・繰延税金の金額を計算してみましょう。

A社：（借）繰延税金資産　1,000　（貸）法人税等調整額　1,000

＊　減価償却限度超過額として加算した2,000に対する法人税1,000は，将来同額の法人税が少なくなることによって解消されるため，その時まで繰り延べられます。当期の法人税等は多く払いすぎているため，その分減額されます。

B社：　　　　　　　　　　　　　　　　仕訳なし
C社：（借）法人税等調整額　1,500　（貸）繰延税金負債　1,500

＊　固定資産の圧縮記帳額として減算した3,000に対する法人税1,500は，将来同額の法人税が多くなることによって解消されるため，その時まで繰り延べられます。当期の法人税等は少なく払っているため，その分増額されます。

〔5〕税効果会計の適用とその効果について

　このように当期に税金の支払が発生しても，それは将来に逆の現象（減価償却限度超過額認容）が生じることにより解消されることがはっきりしている場合には，最初からその支払がなかったものとして処理し，貸借対照表上では繰り延べ処理されて，逆の現象が生じたときに相殺されます。

　結果として，税効果会計を適用する前には，各社の間で税引後利益が異なっていましたが，適用後は同じになってしまいました。これは，税金をたまたま前払したか，後払にしたかの違いであって，

本質的な業績は各社で同一であるということです。このことが税効果会計の適用により判断することができます。

ここでは，会計上の利益と課税所得との間に差異があるが，将来その差異は必ず解消されるために税効果会計の適用される意味があることを理解しました。しかしながら，いわゆる法人税法上の調整計算（加算・減算）について，その差異が将来も解消されないものがあります。

例えば，交際費の損金不算入・受取配当金の益金不算入などです。これらのものは，今期の会計上の利益と課税所得の間に差をもたらす項目ですが，その差は永久に解消されません（法人税の計算上逆の現象は生じえない）。したがって，これらの項目は税効果会計の対象にはされません。

会計上の利益と課税所得との差で，（例題）に示したように将来解消される種類の差異を**一時差異**と呼び，上記に示したように永久に解消されない差異を**永久差異**と呼びます。そして，税効果会計の対象とされるのが**一時差異**であるということを覚えておいてください。

（2）連結財務諸表作成における税効果会計

〔1〕税効果会計の適用範囲

連結財務諸表を作成するに当たり，税効果会計を実施しなければなりません。

その適用の範囲は次のとおりです。

---

① 収益・費用の帰属年度が異なることによって生じる各連結会社の課税所得合計額と連結財務諸表の税金等調整前当期純利益（連結損益計算書上の利益のこと）との差額に対する税額。

② 子会社の資産・負債を公正な評価額で評価しなければなりませんが『実践編 1．資本取引の連結処理』（☞ P.48），その時に生じる評価差額に対する税額。

③ 将来の課税所得と相殺可能な税務上の繰越欠損金などがある場合には，将来相殺されることによって予想される節約税額。

＊①と②は，一時差異と呼ばれています。

〔2〕①の税効果会計について

『（1）税効果会計ってなに？』でみてきた税効果会計は①に含まれます。連結財務諸表上の税金等調整前当期純利益は各社の税引前当期純利益の単純合計であることを前提に考えれば，結局，連結財務諸表作成における税効果会計は各連結会社の課税所得と会計上の

利益との差額に対して調整を実施することと同じことになります。

　ただし，各社の税引前当期純利益の合計が税金等調整前当期純利益になるのは，連結消去仕訳が計上される前のことです。つまり，各連結会社の財務諸表を単純に合算した後に，未実現利益の消去などの連結修正仕訳を計上すれば，当然連結上の利益が変わってきます。たとえ各連結会社の課税所得と会計上の利益とが一致していても，連結消去仕訳の計上によって，各連結会社の課税所得と税金等調整前当期純利益は一致しなくなります。したがって，①にはこのような連結消去仕訳の影響による税効果会計も含まれていることに注意が必要です。

　①の範囲の中には，個別財務諸表でも検討されるべき税効果（『（1）税効果会計ってなに？』の内容）と連結特有の税効果の両者が含まれています。ゴチャゴチャにならないように整理してください。

〔3〕②の税効果会計について

　投資と資本の相殺消去仕訳を実施する際，子会社の資産・負債を公正な評価額で評価しなければなりません。この時に生じる評価差額について税額を考慮しなければ，会計上の貸借対照表と法人税法上の計算とに差が生じてしまいます。

　これに関して税効果を考慮したのが，②です。これも，連結特有の税効果会計といえるでしょう。

〔4〕③の税効果会計について

　税金の計算上，欠損金を繰り越して将来の利益から控除するという制度があります。税金は利益に比例して計算されます。当然利益

がゼロであれば税金もゼロとなります。しかしながら，赤字になった場合はどうなるかというと，比例計算からすれば，マイナスの税金がかかることになります。

　マイナスの税金とは何かというと，支払いのマイナスなのでお金をもらえるようなことになるのかもしれませんが，実際にはどんなに赤字を出しても税金はゼロどまりです（マイナスにはなりません）。利益分は計算するが，赤字は切り捨てというのでは少々酷なので，赤字分は貯金をしておいて，将来利益が計上されたときにそこからマイナスしてもよいという制度がこの欠損金の繰越控除です。この制度を利用して，将来利益が出た場合の税金節約分を見越して，計上しておくのが③の税効果です。

〔5〕①の税効果会計の具体的処理について

　次に①に属する連結特有の税効果会計を 例題 で確認していきたいと思います。 例題 は，『実践編４. 未実現損益の連結処理 （3）棚卸資産』の 例題 （☞P.103）と『実践編３. 連結グループ間取引の連結処理』（3）債権債務の相殺』の 例題 （☞P.91）を再度引用します。

　この２つの取引は，連結消去仕訳によって税効果が必要になる代表的な例です。この他にも，連結消去仕訳の計上によって，各連結会社の課税所得と税金等調整前当期純利益が一致しなくなるような取引については考慮しなければなりません。

例題 1

　P社（親会社）は，連結グループ外部の仕入先より商品を100円で仕入れ，その全部を120円でS社（子会社）へ販売した。S社ではこのうち半分を66円で得意先へ販売した。なお，S社においてP社から仕入れた商品の期首在庫はなかった。そこで当期必要な連結仕訳を示しなさい。また，法定実効税率は50%とする。

解　答

(単位：円)

――＜親子間取引の相殺消去仕訳＞――
| (借) 売　上　高 | 120 | (貸) 売　上　原　価 | 120 |

――＜未実現利益の消去仕訳＞――
| (借) 売　上　原　価 | 10 | (貸) 商　　　　品 | 10 |

――＜未実現利益の消去による税効果（一時差異の発生）＞――
| (借) 繰延税金資産 | 5 | (貸) 法人税等調整額 | 5 |

解　説

　連結財務諸表で未実現利益を消去することにより，個別財務諸表を単純合算した利益よりも連結上の利益の方が小さくなります（個別財務諸表で計上した利益を連結財務諸表で消去するため）。これによって，連結財務諸表上の法人税等も少なくなります。したがって，法人税等を少なくするため貸方に「法人税等調整額」を計上し

ます。

　また，この未実現利益は来期に実現することとなるため，来期まで法人税等を繰り延べる処理として，借方「繰延税金資産」を計上します。翌期の処理については，**例題2** を参照してください。

例題2

例題1 において，S社でP社から仕入れた商品の期首在庫が48円であった場合の，当期に必要な連結仕訳を示しなさい。なお，P社における利益率は前期も当期と同じである。また，法定実効税率は50％とする。

解　答

(単位：円)

┌─＜親子間取引の相殺消去仕訳＞─────────────

（借）売　上　高　　120　　（貸）売　上　原　価　　120

┌─＜当期の未実現利益の消去仕訳＞─────────────

（借）売　上　原　価　　10　　（貸）商　　　　　品　　10

┌─＜前期の未実現利益の戻し＞─────────────

（借）利 益 剰 余 金
　　　期 首 残 高　　8　　（貸）売　上　原　価　　8

＊その他の剰余金：$48 - 48 \times \dfrac{100}{120} = 8$

┌─＜未実現利益の消去による税効果（一時差異の発生）＞──

（借）繰延税金資産　　5　　（貸）法人税等調整額　　5

（借）法人税等調整額　　4　　（貸）利 益 剰 余 金
　　　　　　　　　　　　　　　　　期 首 残 高　　4

解 説

(単位：円)

　期首在庫の未実現利益に対する税効果は次のように考えることになります。まず，前期には次のような仕訳がなされています。

（借）繰延税金資産	4	（貸）法人税等調整額	4

　貸方に「法人税等調整額」と仕訳されることにより，前期の税引後利益が増加することになるため，当期の連結仕訳では次のようになります。

（借）繰延税金資産	4	（貸）利益剰余金 期首残高	4

　そして，前期の未実現利益は，当期に実現することから，その分法人税等が増加します。言い換えると，前期分の税効果として計上された「繰延税金資産」が解消されるということです。それは，次のような仕訳になります。

（借）法人税等調整額	4	（貸）繰延税金資産	4

　上記２つの仕訳を合わせると，のようになります。

例題3

　P社の100%子会社であるS社は，製造した製品のすべて
をP社へ販売している。S社のP社に対する当期売上高は
10,000円であった。P社の連結グループ外部への当期売上高
は15,000円であり，それはすべて当期にS社から仕入れた
ものである。また，S社における期末売掛金残高は800円で
あり，前期末売掛金残高は600円であった。なお，S社では
期末債権に対して3%の貸倒引当金を差額補充法により設定し
ている。

　そこで，当期における必要な修正・消去仕訳を示しなさい。
また，法定実効税率は50%とする。

解 答

(単位：円)

┌─＜取引高の相殺消去仕訳＞──────────────────
│
│(借) 売　上　高 10,000　　(貸) 売 上 原 価 10,000
│

┌─＜債権債務の相殺消去仕訳＞────────────────
│
│(借) 買　掛　金　　800　　(貸) 売　掛　金　　800
│

┌─＜貸倒引当金の修正仕訳＞─────────────────
│
│(借) 貸 倒 引 当 金　　24　　(貸) 利 益 剰 余 金
│　　　　　　　　　　　　　　　　　 期 首 残 高　　18
│
│　　　　　　　　　　　　　　　　 貸倒引当金繰入額　　6
│

＜貸倒引当金の修正仕訳の税効果＞

（借）	利 益 剰 余 金 期 首 残 高	9	（貸）	法人税等調整額	9
（借）	法人税等調整額	12	（貸）	繰延税金負債	12

8. 連結C/F, 中間連結財務諸表等

（1）連結キャッシュフロー計算書

〔1〕キャッシュフロー計算書ってなに？

キャッシュフロー計算書とは，一会計期間において企業が事業活動を行った結果，キャッシュの状況（出入）がどのようになっているかを示す計算書です。そして，連結ベースでこの計算書を作成するのが適当であるとされています。それが，連結キャッシュフロー計算書です。

〔2〕キャッシュフロー計算書の内容

キャッシュフロー計算書では，一会計期間におけるキャッシュフローを"営業活動によるキャッシュフロー"と"投資活動によるキャッシュフロー"と"財務活動によるキャッシュフロー"の3つに区分して，それぞれの活動によるキャッシュの状況を明らかにします。

各区分の内容

"営業活動によるキャッシュフロー"

商品などの販売による収入・商品などの購入による支出・その他"投資活動""財務活動"以外の取引による収入と支出

"投資活動によるキャッシュフロー"

　固定資産及び短期投資（現金等価物以外の投資）の取得・売却による収入と支出

"財務活動によるキャッシュフロー"

　株式の発行による収入・自己株式の取得による支出・社債の発行や償還及び借入の実行や返済による収入と支出・その他資金の調達や返済による収入と支出

　また，"営業活動によるキャッシュフロー"には，２つの表示方法があります。直接法と間接法です。

直　接　法…主要な取引ごとに収入総額と支出総額を表示する方法（グロス表示）

間　接　法…損益計算書の純損益を出発点として，必要な調整項目（非資金取引，将来・過去の営業活動からの収入・支出の繰延や見越など）を加減する方法（ネット表示）

　直接法は，企業グループのキャッシュフローの源泉や使途が明確になるため，非常に有益な情報が提供されます。間接法は作成が容易である反面，キャッシュフローの総額が表示されないという欠点があります。

（2）中間連結財務諸表

〔1〕中間連結財務諸表の作成と内容

　連結財務諸表は，連結決算日ごとに年1回作成されています。しかしながら，連結中心の考え方を重視するとともに，タイムリーな情報開示という観点から半年に1回の割で連結情報を開示するのが適当とされています。これによって，中間連結財務諸表が作成されることになります。例えば，アメリカなどではこの考え方がもっと進んでおり，年4回公表の四半期報告制度が確立しています。

　中間連結財務諸表の内容は，次の財務諸表です。

① 中間連結貸借対照表
② 中間連結損益計算書
③ 中間連結包括利益計算書
④ 中間連結株主資本等変動計算書
⑤ 中間連結キャッシュフロー計算書

年度で作成される財務諸表と同じ種類となっています。

〔2〕中間連結財務諸表の性格

　中間連結財務諸表の性格には，2つの考え方があります。**実績主義**と**予測主義**という考え方です。

> **実 績 主 義**… 　中間会計期間を事業年度と並ぶ一会計期間とみ
> 　　　　　　　　たうえで，中間連結財務諸表を原則として年度の

連結財務諸表と同じ会計処理基準を適用して作成し，その中間会計期間の財政状態及び経営成績に関する情報を提供するという考え方。

予測主義…　中間会計期間を事業年度の一構成部分と位置づけて，中間連結財務諸表を，部分的には年度の財務諸表とは異なる会計処理基準を適用して作成し，中間会計期間を含む事業年度の業績予測に資する情報を提供するという考え方。

　従来，個別ベースの中間財務諸表は**予測主義**の考え方が採用されていました。それは，中間期の財政状態及び経営成績を示すことによって事業年度の業績を予測してもらう方が投資家にとってわかりやすいという点と，**実績主義**の方が経営者の恣意的判断が介入する余地が少なく計算手続が明確であるなどという点が挙げられていることによります。

　現行では，個別の中間連結諸表及び中間連結財務諸表の作成基準は，実績主義が採用されております。

（3）関連会社の扱いについて

　連結の対象となる子会社がない会社では，連結財務諸表が作成されません。そのような会社に関連会社が存在している場合，多額の損益が発生していても持分法が適用されません（連結財務諸表が作成されないため）。この結果，会社の財務諸表には関連会社の損益が反映されないことになります。

　しかしながら，関連会社とはいえ，その重要性から考えて情報を開示するべきだとする考え方があります。確かに連結財務諸表の作成を逃れるために子会社を持たず，関連会社とすることも考えられます。

　そこで，連結財務諸表を作成していなくても，個別財務諸表で関連会社に持分法を適用した場合の投資損益などを注書きする措置を講ずるのが適当と考えられています。これは，当然の流れかもしれません。

索　引

＜著者紹介＞

瀬 戸 裕 司（せと　ゆうじ）

昭和36年横浜生まれ。早稲田大学法学部卒業後，マニュアクチュラース銀行（現 JP モルガン・チェース銀行）にて銀行実務に従事。平成元年公認会計士第2次試験合格後，太田昭和監査法人にて監査業務に従事。平成5年公認会計士第3次試験合格後，瀬戸公認会計士事務所設立（所長），㈱マネジメント・ソリューション㈱ライアップ代表取締役就任。平成7年，税理士登録。

会計，税務，監査，公開業務等のクライアント指導の他，会計，税務実務セミナー講師・経営コンサルタントとしても活躍中。特に，業務革新のコンサルティング，起業家育成事業等に関して専門知識を有している。

著者との契約により検印省略

平成10年4月15日	初 版 発 行	
平成17年10月5日	初 版 6 刷発行	
平成20年3月15日	改 訂 版 発 行	
平成23年11月15日	改訂版5刷発行	
令和2年4月1日	三訂版1刷発行	

やさしく学べる
連 結 会 計
〔三訂版〕

著　　者　　瀬　戸　裕　司
発 行 者　　大　坪　克　行
印 刷 所　　光栄印刷株式会社
製 本 所　　牧製本印刷株式会社
●装丁　前川　真一（パイルアップ）

発行所　東京都新宿区　株式　**税務経理協会**
　　　　　　下落合2丁目5番13号　会社
郵便番号　振替　00190-2-187408　電話（03）3953-3301（編集代表）
161-0033　FAX（03）3565-3391　　　（03）3953-3325（営業代表）
乱丁・落丁の場合はお取替えいたします。

ISBN978-4-419-06687-1　C3034